奥さまは処女

原作 うなぎ
漫画 梅林イクミ

光文社

プロローグ

はじめまして うなぎと申します
ドモ
こちらは夫のゴロさんです
29歳になり子どもがほしいと思うようになりました。
さあ妊活だ
ドドーン
――しかしその前にある問題が……
実は私はいまだに処女なのです！
ず〜
〜ん

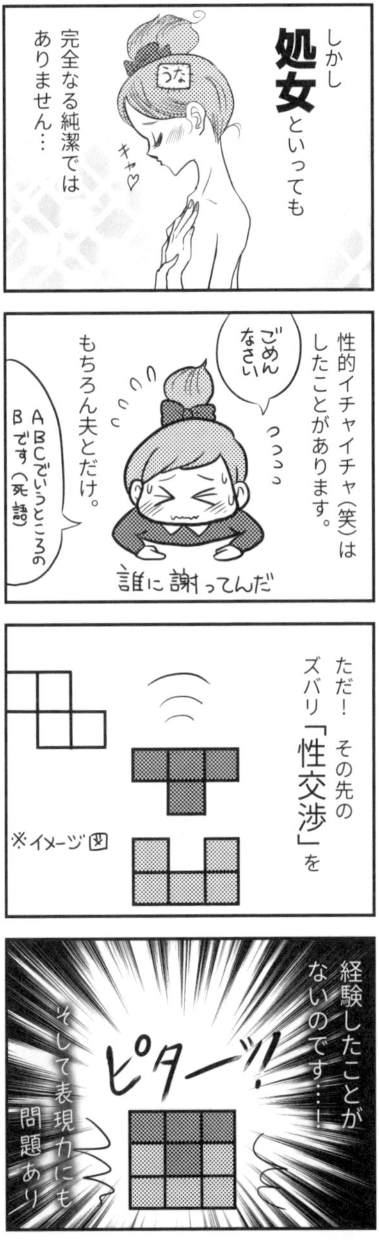
しかし処女といっても
うな
キャ♡
完全なる純潔ではありません…
性的イチャイチャ（笑）はしたことがあります。
ごめんなさい
もちろん夫とだけ。
ABCでいうところのBです（死語）
誰に謝ってんだ
ただ！ その先のズバリ「性交渉」を
※イメージ図
経験したことがないのです…！
ピターッ!!
そして表現力にも問題あり

私たち夫婦は
交際していた5年間の
すべてが
遠距離恋愛だったため
会える頻度は
月2回程度でした。
Oct.
交際当時
あ
もう
こんな時間
毎回ほぼ
日帰りなので
あんなことや
こんなことを
する機会が
めったに
なかったのです！
ばい
ばーい
実家暮らし
実家暮らし
すごい
景色
〜
お泊り…♡
ドキドキ
たま〜に
年1、2回
旅行先で
夜の
イチャイチャ
はあるの
ですが…
いたい
…入らないのです。
（詳細については
ここでは省略します）
夫は
焦らず
ゆっくり
いこう
…と
言ってくれ
ました。
また次の
機会に♡
この流れを
何度も繰り
返していました。
1コマ目に戻る。

大丈夫…いつかはきっとできるよね
五七五調
…な〜んて思っていた当時21歳の自分。
甘い! 甘すぎる!
バチーン
キャー
おバカーーー!!
医学的には処女のまま26歳で結婚。
おっバージンがバージンロード歩いてますよ!
な〜んてね
さらに29歳になった今でも
処女をキープ。
なんてコトだ…こんなハズでは…
?
結婚してから2年半経ちました。
夫婦仲は良好で
ありがと♡
ごちそうさま♡
毎日チューはするし
CHU♡
いってきます
外出時は必ず手をつなぎます。
ただ夜のスキンシップはほとんどありません!
あ〜〜…

夫婦ともに健康にもかかわらず
夜の「夫婦生活」をほとんどしていない。
ズバリ私たち夫婦は
セックスレス
なのです！
し・か・も
ちっちっち
ただのレスではありませんぜ！
本当のセックスすら成功したことないで〜〜〜す！
ドヤ
ばば〜ん
まとめると
この本は
←コウノトリ
ウ〜〜
まて〜
妊活を始めたい処女妻が
処女喪失する前に
セックスレスに突入してしまい
zzz
……
迷走していくノンフィクション4コマ漫画ブログをまとめたものです。
たすけて〜
どこから手を付けたらいいのやら

CONTENTS

装丁 坂川朱音
本文デザイン 坂川朱音+田中斐子（朱猫堂）
本文DTP 田中斐子（朱猫堂）

CHAPTER 1

脱処女への道

2017.8 ▶ 2017.11

男女の関係においては
めちゃくちゃ
草食系でした。
ムシャ
ムシャ
♪
付き合って
1か月
経つけど
キスもしてない
……
パンダ？

数えてみた

交際期間を含め7年半。
その間夜のスキンシップはどれくらいあったか…
数えてみた。
いち、に、さん、し…
すると…
くるん
両手の指の数で足りた〜〜
しかも
新婚生活2年半の間で2回〜〜〜〜!
フラッ…

年中行事かよ。しかも、すべて失敗に終わってるわけで。セックスレスどころの騒ぎじゃないんですよ! 圧倒的な、経験値不足です!! ドヤァ!

そもそも

てゆーかそもそも「セックスレス」の定義って何?
ふと疑問に思って
ポチポチ
調べてみた。
セックスレス=
病気など特別な事情がないのに
1か月以上性交渉がない
カップル
…と一般的にいわれている
えええええええええ
月に1回ってむしろ
多すぎるでしょ
おおおお
てゆーか
カップルって
そんなにたくさん
セック
もの
後悔。

付き合いたての頃でさえ、半年に1回くらいしかしていませんが? そんなビッグイベントを、月に1回もしないと、レス呼ばわりされちゃうの!?!? ぎゃー!!

子づくり宣言

夫には子どもがほしいということは言いました。
できれば29歳で産みたい
夫は
よしつくるか～
そろそろ
と言ってくれましたが…
ぐっ
よっし!
レスは続行中。
今日もなし
NO
いぇ～い
↑このキャラの正体はのちほど…
ってゆーか…
ピコ
ピコ
この人子どものつくり方知ってるのかな～～?

隣で寝ているだけじゃ、できないんだぞ？ 生殖に協力して――――っ!! いや、生殖てアンタ。

濡れるのは？

毎日隣で寝ているけど
しーん…
その気配はまったくなし!
ちらっ
ちらっ
くっついて甘えてみても
ぴとっ♡
えいっ
……
効果なし!
枕だけが濡れる日々…。
辛《つら》っ!

枕です! 濡れるのは枕です!!! 何? 何だと思った?

いい夫？

ゴロさんは基本まじめで仕事熱心です。
カタカタ カタカタ
ッターン!!
※帰宅後も仕事
自称愛妻家で
はい お土産
わーい
お酒はたまに飲む程度。タバコは吸わないしギャンブルもしません。
女遊びなんてもってのほか。
NO!
性欲もほとんどありません…
趣味はゲーム
♪
……

普通に考えれば、いい夫なんですけどね……！　ただ、もともと、淡泊な人のようで。セックスレスに悩む女性にとってはかなり厄介な人物ですぜ!!!

肉食系？　草食系？

ゴロさんの生態が
?
よくわからない件
について
仕事では肉食系です。
シュパパパパ
営業職はまさに天職！
交際前も積極的で肉食系だと思っていたのですが…
わっ
うなぎ さま
From ゴロ
またメールきた！マメな人だな～
男女の関係においてはめちゃくちゃ草食系でした。
付き合って1か月経つけどキスもしてない……
パンダ？
ムシャ ムシャ
♪

そんな私のファーストキスは、21歳でした。それまで、夫以外の誰からも奪われることがなかったです！ディフェンスとかしてませんけど??

ドラゴンクエストⅪ

先日発売された※ドラクエⅪをゴロさんは少しずつ進めていて
※2017年当時
ついに先日
終わった〜
すべてクリアしたらしい。
PS4派。
うわ〜今回まじよかったわ〜傑作すぎる…
寝るよ〜
余韻にひたり中
てくてく
妻クエストはいつするのかな!?

こっちの攻略も、はよ！　新しいゲームが発売されると特に夫婦の時間が減ります。ほったらかされます。憎いぜドラクエさん……!!

検索検索

男というものは
子づくり≠セックス
ノットイコール
こういうモノらしい。
子づくりありきのセックスレスの話し合いは逆効果である。泣きながらセックスレスを訴えるのはNG。
むむむ…
男性側の意見
子づくりのためのセックスではなく
夫のことが好きだからしたい
という雰囲気づくりをしてほしい
ペンネーム○○
男って…めんどくさ――――ッ

ロマンチスト〜！　男性は気分を盛り上げないと難しいんだなぁ。その点、女は割り切ってセックスできる気がする（処女が何を偉そうに!?）。

脳内会議

第1回　セックスレス解消委員会
脳内
まず大きな問題があります
ゴロさんと私は生活リズムが違うのです
ゴロさんは遅くまで仕事でその後は趣味のゲーム…
私は先に寝てしまっているのです
ゴロさんは休日も少ない
ゴロさん仕事忙しいんだから仕方なくない～？もう諦めよ～～？
うなぎが入るスキなんてないよ～？
ちょ待って！諦めるの早いわ！
では手始めに一緒にお風呂に入るってのはどうでしょう？
そのまま一緒に寝てくれるかも
それだ！

結婚後、一緒にお風呂に入ったのは3回くらいです。まあでも、同じ湯船に浸かってるんだから間接的には毎日一緒に入ってる！　ってことにしとこ？

お風呂のお誘い

今日はゴロさんをお風呂に誘うのだ！
ふふ…
ゴロさ～ん
今日一緒にお風呂入らない？
え？なんで？
なんでって…お背中流しますよ？
あ　今日はお風呂でジャンプ読むから無理だ
なん…だと…？
キリッ

ゴロさんはいたってまじめです。それより、いつから私は、当然のように一緒に入ってもらえるものだと錯覚していた……？

脳内反省会

集合!
負けた…ジャンプに負けた…
ゴロさんジャンプと半身浴してたぁ〜屈辱…!
うなぎ　君はまさか自分がジャンプに勝てるとでも思ってたの…?
漫画雑誌の歴代最高発行部数653万部を誇る偉大な偉大な少年誌なんだよ?しかもゴロさんは小学校1年生の頃から愛読していてかれこれ20年以上の付き合いなんだよ?うなぎなんかとは比べものにならないよ
自分の方が魅力的とでも?
そっスよねェ〜すみません

ジャンプ先輩ッ……。『ハンター×ハンター』が次に連載再開する時までに、脱処女してますようにッ……!!!!　冨樫センセー……競争だぜ……。

裏切り

やさぐれ中。
こういうときは!
少女漫画を読むに限る!
ば
ーん
『きょうは会社休みます。』
きょうは会社休みます①
彼氏いない歴=年齢の花笑(はなえ)は処女のまま33歳になり悲嘆していた——
ふむふむ
同志よ!
が
1巻の1話目で早くも処女喪失してる——ッ
はなえ——ッ
釣ったな
ッ!?

花笑に裏切られた気分になって、1巻しか読んだことがありません。そして忘れた頃に、また1巻を読み直してこの一連の流れを繰り返す……。

処女と非処女の差①

スーパー銭湯にて
ウフフ…
キャハハ…
……
処女…
非処女…
非処女…
非処女！
…てゆーか
たぶんプロの方！
しゅ…
しゅごい！
アンダーヘアの
整い方で処女か
非処女か分類中。

下のほうのケアも必要なんだ……と、意識が芽生えました。初心者なんで、とりあえずVライン整えます！

処女と非処女の差②

数年前に女同士で
旅行に行ったとき。
えーっ
サイアク～
よりによって今
生理きちゃったよ
あ ちょうど
私も～
あーもう
せっかくの旅行なのに
温泉入れないや
～
処女
え？
タンポン使えば
よくない？
これ！これな!?
非処女はねエサラッと
言うんですよ！
非処女

表情ひとつ変えずに！ 眉ひとつ動かさずに！

処女のプライド

処女あるある
…
こないだ旅行と生理かぶってさーほんとめんどくさいよね
今月…
生理遅れてるんだよね…
↑独身
そうか…別の世界の人だった…のね…
サーーーーッと冷める
そんでー？
えーっ
うんうんわかるー！
自分が処女だとバレたくないので非処女ぶってその場をしのぐ。

話を振られた場合は、雑誌や漫画の知識を総動員して非処女ぶります……。

処女とタンポン

ちょ簡単に言うなよ!? 処女にとってタンポン使用がどれほどハードルが高いかご存じか!?
想像するだけで震えてきた
わなわな
非処女にとってはただの便利なアイテムなんですよ。
キャッキャッ
一緒にスイーツ食べに行けるくらい親しい間柄なんでしょうけど…
ゴゴゴゴゴ
ゴゴゴ
こちとらプロ処女ですよ！
異星人と意思疎通を試みるくらいのビッグプロジェクト感と緊張感なんですってば。
だから皆さまお願いです。処女にタンポンをすすめるときは
おぬし…タンポンとやらを…用ゐたら…いかがか…
もっと重厚感あふれる感じでお願いします。

……みたいな……。はい！　どうも！　ご清聴ありがとうございました！

脳内会議再び

第2回　セックスレス解消委員会
脳内
うなぎがゴロさんに女として見られてないのは十分わかったけどさ～
はぁ～…
それ言うな！
仲良しってだけじゃダメだよなァ～
ところでうなぎ　前回のイチャイチャはどこで？
えっとたしか…ディズニーに行ったときに泊まったホテルで…
その前は？
それも旅行先のホテルだったかな…
やはりそうか！ゴロさんは仕事から解放された非日常的な雰囲気でしかHなスイッチは入らない…！
旅行だ！ゴロさんと旅行に行くぞ！
ガタッ

旅行編、始まりまーす！

旅行の意気込み

ゴロさんを説得して2泊3日の旅行チャンスをゲットしたぞ!!
ゴゴゴゴゴゴ
絶対しとめてやるッ！
ヒヒヒ…
し・か・も旅行2日目の妊娠可能性が高いときたもんだ～
生理予測アプリ
2017/9/25
のカラダ
妊娠可能性
★★★★☆
もしかしたら処女喪失と同時に妊娠ってのもアリ!?
ウフフ…
ブログどうしよう！
まさかの最終回か!? やん、困るゥ～
キャッキャッ

ここまで描いといて、まじで何もなかったらどうしよう……。考えるだけで胃が痛くなってきた———ッ!!　誰か！　胃薬ッ!!　胃薬～～!!!

北海道旅行記①

1日目
さっぽろ〜〜!
北海道来たぞー!
回転寿司 根室花まる
寿司うんめぇ!
なんじゃこりゃ〜ッ
ソフトクリーム絶品ッ!!
北海きたえ〜るでライブ!
たーのーしーすーぎー!

北海道旅行の幕開けです。そりゃあもう……大志を抱きまくり!

北海道旅行記②

夜ごはん
札幌ラーメン
うま———い!
なんでも美味しいな〜ホテルの朝食にも期待!
だね〜明日のバスツアーも楽しみ〜!
今日は早く寝ようね!
…ん!?
「早く寝る」というのは、夜のイチャイチャのスタート時刻を早めるって意味だよね…?ゴロさん?

まさか、ただただ健全に早く寝ようとしてる……!?
どっち……!?　どっちだ……!?

北海道旅行記③

寝よ寝よ～♡♡
ぴょ～ん
わぁ
うなちゃん今日何が一番楽しかった～？
うーんとね…
ゴロさんまだまだ元気じゃん！機嫌もいい……！
説明しよう！
ゴロさんはご機嫌うるわしゅうときにだけ「うなちゃん」呼びが発動するのだ…！
やっぱり旅行って楽しい！来てよかった！

進まねえ!!　ハイハイ!　すみませんすみません!
だって、だって……ここが一番楽しいところじゃないですか……。もう少しだけ浸らせて?

北海道旅行記④

幸せ…
今夜はもらったぜ…
……
スヤァ…
うなちゃ～ん？

だって……気持ちよくなっちゃったんだもん……!
もちろん、健全な意味で——ッ!

北海道旅行記⑤

チュンチュン
翌朝
私が寝てどーすんだよ!!
ガバッ
獲物を目の前にして…情けない…
ZZZ…
あんなに張り切っておいて!? バカなの!?
ぶるぶる
ブログのコメントでこんなに応援してもらってるのに!?

ゴロさんと、楽しかったことを振り返っておしゃべりしていたんです。お風呂あがりだったし……心地よくて寝ちゃうよ! 自分にガッカリですよ……。

北海道旅行記⑥

ありのまま起こったことを話すぜ…
フゥ…
旅行2日目の夜ゴロさんはだいぶお疲れの様子でした。
でも翌朝は時間に余裕があるから
だう〜ん
ちょっと甘えてみたんですが
と言われ
今日はまじで疲れた…眠い…
ゴロさんは私に背を向けて寝たんですよおおおおだから何もなかったのおおお
18禁期待してた方ごめんなさああああああい
うわあああ
ああ
つらあああい

というわけで、安心してください。まだ処女です。フフフ……いろいろありましたが、振り出しに戻りましたーッ! しびれるぅ―――!

やれた

北海道旅行
反省会会場
…ということで今回は何もなかったけど
ひとつだけ…これだけは言わせて…
初日の夜はイイ感じの雰囲気だったし
うなちゃ〜ん
ゴロさんもたぶんその気があったハズ
今思い返してみても
スッ
やれた
あの夜は「やれた」!完全に失敗に終わったわけじゃないと思うんだよね

だよね!?　だよね!?　絶対「やれた」よね!?

やっぱりやれた

ばんっ
やれたとは言えない
ズっん
やれた
スッ
オオオオオ
やれたとは言えない
「やれた」2票多数決であの夜は「やれた」と認定します
やれたかもしれない夜は砂漠に咲く一輪の花です後生大切にしてください
やっぱりそうか〜
やれたか〜
満足。

今回の元ネタは『やれたかも委員会』(吉田貴司著)です。この漫画、札幌駅の書店で購入して、旅行の帰りの飛行機で読みました。

お風呂の誘い方

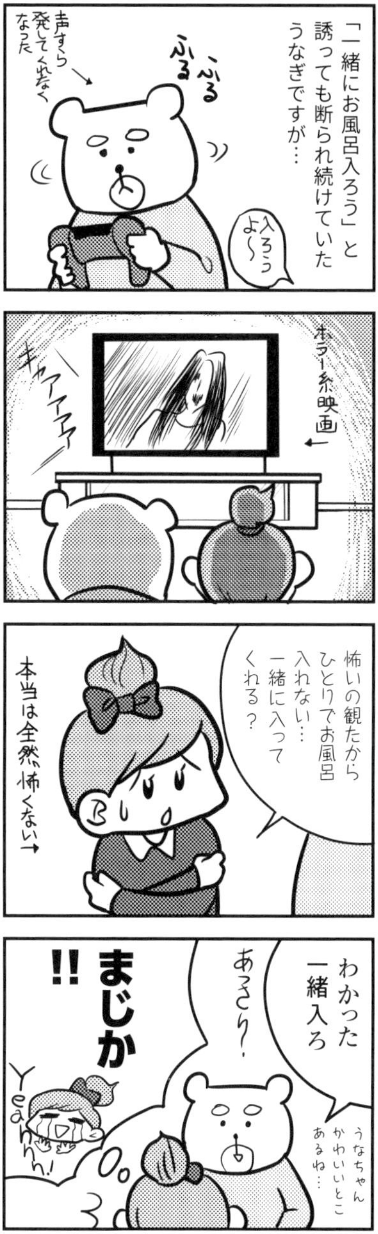
「一緒にお風呂入ろう」と誘っても断られ続けていたうなぎですが…
ふる ふる
声すら発してくれなくなった
入ろうよ～
ホラー系映画
キャアアア
怖いの観たからひとりでお風呂入れない…一緒に入ってくれる？
本当は全然怖くない
わかった 一緒入ろ
あっさり!
まじか!!
うなちゃんかわいいとこあるね…
Yeahhh!

まさか、怖がりぶりっ子大作戦が功を奏するなんて思わなかった。みんなも真似していーよ!(いきなり先輩ヅラ)　すまん、今日だけ調子に乗らせてくれ!!

お風呂で確認

ゴロさんとお風呂に入る権利を手に入れたうなぎ！
1年以上ぶり!!
ゴロさん いいよ～
先に入って身体を洗っていた
ガチャッ
……
ご無沙汰してます
じっ
久しぶりにお目にかかり改めてご挨拶…
うなぎと申します

なんというか……第2形態のゴジラでした……。もし今後、ゴジラが私という日本に上陸した場合、東京、守りきれる……？　大丈夫??

セックスレス仲間

うなぎ　また セックスレス漫画 読んでるのかよ～
正座して…
しかも薄笑いで 気味が悪いんだけどー
最近セックスレスを 取り上げた漫画が 増えたと思わない？ 需要あるんだよ きっと…
自分たちだけ じゃない！って 思うとちょっと 安心するよね～
フフフ…
だいたいそのあと 不倫か離婚に 発展してる けどね～
はっ
そういえば セックスレスを解消した 話って読んだことない…

日本の夫婦の5割がセックスレスといわれています が、既婚者は2分の1の確率でセックスレス仲間！ と思うと、苦手なあの人ともうまくやっていけそう。

夫婦の会話

うなぎたちは夫婦で セックスの話が できないことが 問題ですよね～
え!? セックスの話が できないって… 普通じゃないの!?
今さら 恥ずかしいっ
う～ん どうでしょう
まあ…うなぎたち夫婦は 結婚するうえで性的な相性を 重要視していなかったから しかたないかもしれませんね
最近気づいたんだけどさ… ゴロさん…普段下ネタも あんまり言わないんだよね
私が言っても 話そらされるし
気づいたの最近かよ
おそっ
ゴロさんに ブログ読ませたら どうなるかな～？
ふーっ もういっそのこと ゴロさんに 読ませて みよう かな～
ニャニャ

も――！　誰～！　カンチ！　セックスしよ！　とか可愛く言ってた人ー！　なにそのオッケーGoogleみたいなノリー。軽すぎ！　真似できない～！

ゲーマー夫の性欲

先日ブログでいただいたコメントにこんなものがありました。
おっ？
ゲームで使う脳は 性欲で使う脳と
同じ部分らしく ゲームをしていると
満たされてしまうそうです。
だからゲームをしている人は
性欲がなくなるそうです。
…ってことは…毎日欠かさずゲームをしているゴロさんは…
ごくり…
脳科学的には毎日セックスして満たされているってこと――!?
わっせ
わっせ
イヤァアア

ゴロさん、最近はパワプロをやり直してるんだけど、もしかして毎日9人でプレ…◎△$♪×¥!?　イヤァァアア!!　私というものがありながら――ッ!

むっつり処女の妄想①

会社にて
どうしました？
エクセルのここ ちょっとわからなくて…
あ そこそこ そこに（行を）挿入して…
あ～そこじゃなくてその下ですね…
そこに挿入して…
（数字を）入れて…
あれっ？　入らない!?
じゃあこっちに無理やり入れてみてください
あれ…動かない…固まってますね…
ああああっ
そんなコトバ…
「セルを結合」とか「差し込み印刷」とか響きがエッチ…
ヒャ～ッ
思春期脳大爆発。
夜
ギャー
実は隣の席の人が心が読めるテレパスで私が仕事中にイヤらしいことを考えているのをすべて知ってるとしたら…!?
もう仕事行きたくなーいっ
気を確かに持って！　私。

日頃、ブログで下ネタしか書いていないせいで、会社での業務に支障が出ています。助けてください。この!　給料泥棒!

むっつり処女の妄想②

美顔器がエロい。
小顔コロコロの形状がどう見ても…
こんな形状で暮らしに溶け込んでいてすごいなと思います。
これが女性の部屋に転がってると思うと…
なんとなく「男性器しくみ」で検索。
セックスのたびご対面する彼の性器。普段何気なく触ったり舐めたりしているけれど実はどんな構造をしているのか詳しく知らないという人も多いのではないでしょうか。
そこで今回は　意外と知られていない「男性器のしくみ」をわかりやすく解説！　きちんとお
何気なく…!?
みんなそうなの？
むっつり妄想の限界。

お願い、これ以上私の心をかき乱さないで〜!!

むっつり処女の妄想③

洗濯機がエロい。
ギッ
ギッ
ギッ
ギィッ ギィッ ギィッ…
(洗濯機の)中で絶対ヤッてんな〜
ダダダダダダダ
激しすぎ！朝！朝なのに！
ピーピーピー！
満足げ…
気は済んだかい…
よかったね

すすぎや脱水で一定のリズムを刻んでいる音が、夜の営みの音に聞こえます（ベッドの音がギッギッギ！ときしむようなリズム感）。

キッチンで

おなかすいた〜
ご飯は〜？
そこにあるから
温めて食べて〜
うわーコゲつきおちない〜
え〜
うなちゃん
やって〜
すりすり
すりすり
ちょっと待ってってば…
温めるくらい
自分でできるでしょ〜
さわさわ
さわさわ
ちょゴロさん
どこ触ってんのー！
わかったわかったよ！
やってあげるから〜
さわさわ
さわさわ
わーい
ご飯ご飯
スッ♪
なにっ!?
切り替え
はえーよ！

漫画でよくあるシチュエーション……！「もう我慢できない……！」って言われちゃうヤツだわ……！と思いきや、ゴロさんは俄然、ご飯目当てでした。

気になる

まったりー
じーっ
チューか？
チュー来る？
さわ
さわ…
皺《しわ》のびろ
〜〜〜
ぐいぐい

お肌の曲がり角を曲がり切って、現在、見通しの悪い道路を走行中!!　そろそろ有名女優がSK-II片手に飛び出してくるはず！　レッツ！　エイジングケア！

もしかして…

性嫌悪症
性行為あるいは
性的な事柄そのものに
対して嫌悪感を抱くこと。
またはそのような症状。
最近日本人男性に「性嫌悪症」が急増しているらしいよ〜
ガラ
ガラ
性欲低下障害だった人が失敗やイヤな思いを繰り返すうちになる場合があるってさ〜
な…何それ!?
近年増えている性嫌悪症は 妻に限ってその気が起こらないタイプみたいですね
ちょちょちょ…ちょ待てよ!!
2人して何よー！ゴロさんはもともと淡泊で草食系なだけなんだよ———ッ！
うなぎ〜そろそろ現実見よ〜ぜ〜？
は〜っ
草食系？いつまでそんなゆるふわ表現使う気〜？

性嫌悪症については、日経ビジネスオンラインの過去記事で見つけました。(「妻とは大の仲良し! でも、できない…」日経ビジネスオンライン2017年3月13日付)

性嫌悪症？

うるさ——いッ！ゆるふわ上等じゃ〜〜〜！
はいはい落ち着いて〜
性嫌悪症の夫婦は非常に仲がいいケースが多いらしいですね〜
問題はどのように仲がいいかだそうです
ゴッ
うざ〜い
日本人男性の性嫌悪症には大きく分けて5つのタイプがあるそうです
パートナーとの
関係が
1.母と子の関係に変化
2.兄と妹、姉と弟の
関係に変化
3.親友関係に変化
4.マスコット的関係に
変化
5.嫌いになった
うなぎたちは4…ですかね？
4は「目に入れても痛くないほど可愛がっている妻から性的に誘われると嫌悪感を抱いてしまう」のだそうです
……
ううう…マスコットって…
おもいあたるフシ〜ッ

基本的にネットの情報は鵜呑みにして、振り回されるだけ振り回されるのが、私のお決まりパターンです。

COLUMN

昭和に生まれ、平成、令和と処女のまま駆け抜けて生きてきました。

まさかの30歳を目前にして思春期脳が大爆発しました。
ほとんどの人が、思春期でひとしきり考え終えるようなことばかりを考えていました。
青春時代をうまく処理しきれていなかったのかもしれません。

中高生時代、私の枕元にはいつも少女漫画がありました。
少女漫画に影響されまくっていた私は、「いつか私のところにも爽やかで紳士的で王子様のような男子か、見た目はどう見ても不良青年だけど根はまじめで好きな女子に対しては優しく情熱的な男子が突然現れて、またたく間に交際へ発展して、自然な流れで身も捧げ、私の下半身のほうにも彼から何かしらの手ほどきがあるだろう」と、謎の自信とビジョンを持っていました。幸せは誰かがきっと運んでくれると信じてやまない夢見がちな処女でした。日本のどこかに私を待ってる人がいると思っていました。

しかし、ほぼ帰宅部のような文化部に所属し、自転車でブックオフやツタヤに通い平和に過ごしていたら、特に男子が寄りつくこともなく。

周りの女友達がどんどん大人の階段を上っていく中、私は変わらず処女のままでした。

女性の中には、「一刻も早く処女を捨てたい！　相手なんか誰でもいい！」と思って積極的に行動にうつしていく人もいるみたいなんですけど。私は、「相手、誰でもいいわけなくない!?」と震えながら少女漫画を握りしめていました。

大学生になり、彼氏がいない日々が続くと、心がすさんできました。街で手をつないで歩く男女とすれ違っては、心の中で舌打ちをしていました。可愛いふりしてあの子、やることやってるのかと想像しては、溜め息をつきました。わかりやすくこじらせていました。

でもそうやってカップルたちをひがみつつも、実際はどこか他人事でした。世の中の性行為は、私の生きる世界とは別世界で行われているような感覚でした。

幸いなことに、世間は処女に優しいのです。

恋愛偏差値が低い処女だからといって入学できない大学はないし、アルバイトや就職の面接でも「あなた処女ですか？」なんて聞かれないし、履歴書に男性との経験人数を書く必要もありません。処女だろうが非処女だろうが関係なく生きていけるのです。本当にありがとうございます。だって生まれたときはみんな処女ですから。「処女に生まれてよかったー！」って両腕を空に向けて広げて叫びたいです。とかね、こうやって調子に乗っていると、通りすがりの、おませな中学生には、「いい歳した大人のくせに信じられない」、セックス至上主義者には、「セックスで味わえる喜びを知らないなんて可哀想」とかよく言われるんですけど。でも大丈夫です。平気で生活できます。女子会で繰り広げられるガールズトークにも、海外ドラマ『セックス・アンド・ザ・シティ』を観ていたお陰でついていけました。「男ってベッドではこうだよね……」とか、「体の相性が……」のような高度な話題にも、ドラマの知識を総動員しつつ、およそ処女らしくない前のめりの姿勢で、適切な対応ができていたのです。多分。

処女キャリアが中堅に差し掛かった21歳のとき、ゴロさんと出会いました。ゴロさんは、受け身な私を積極的に遊びに誘ってくれました。趣味も似ていて、一緒にいると楽しくて、頼りになるゴロさんに惹かれていきました。2人の交際が始まりました。そして、なんと、ついに、ようやく、とうとう私も、男女の夜のスキンシップを経験するようになったのです。桃色吐息で華を咲かせるときがきたのです。漫画やドラマのように、お互いの手の指を絡ませて朝を迎えるような綺麗なものではなかったので多少はがっかりしたものの、ゴロさんの下半身の磨き抜かれた名刀をバッチリ拝んだことで、おおむね満足してしまいました。

初めてのお泊まりという記念すべき夜のデビュー戦で、ゴロさんの決勝ゴールは私の中に入らなかったけれど、徐々にこういった夜のプレーに慣れていけば、じきに私の強固な下半身の守備も、ハイテンポなボール回しと立ち回りでどうにかこうにか攻略できて、ゴロさんの予測不能な無回転ロングシュートもバンバン中に入っていくでしょうと気楽に考えていました。

まあ、実際は、そんなことはなく。何度夜の試合を重ねても、私のゴールネットは揺れないまま時は流れました。
そんなこんなで、時をかける処女は、26歳で処女のまま結婚しました。
でも、深刻に悩んでいませんでした。
いつかは処女卒業できるよね？　とまだまだ悠長に余裕ぶっこいていました。

27歳を過ぎたあたりから、私の周りで空前のベビーブームが到来しました。私よりあとに結婚をした友人たちが、どんどん妊娠・出産をし、自分だけ取り残されたような気持ちになりました。それでも、まだ新婚生活を楽しみたいし、働きたいという気持ちも強かったので、子どもを持つことを真剣に考えていませんでした。
ところが、大好きな姉や、一番の親友にも子どもが生まれたことで、心境に変化が起きました。身近な人から生まれた赤ちゃんがめちゃくちゃ可愛かったのです。なんだ、この可愛い生き物は⁉　という感情があふれました。さらに、姉や友人が、苦労しながらも楽しみながら子育てをしている様子を見て、私も子どもを産みたいと現実的に考えるようになったのです。そして、「妊活しようにも、まだ処女だった！」と時の流れに身をまかせすぎていたことに気が付き、急に焦り出して立ち上がったのが、29歳の誕生日を迎えたあとでした。

こうして私は、『奥さまは処女』というブログを始めたのでした。

いやいやいや、なぜそこでブログを始めちゃうかな⁉　ブログを書く暇があったら、ほかにできることがあったでしょうに。

ゴロさんとの夜の試合で好プレー・好パフォーマンスのひとつでも披露してみろよ。それが無理でも、己の下半身の独自開発を進めたりとか、自ら突破を図ろうと努力したりしろよ。夜の校舎の窓ガラス壊して回るくらいの心意気でいけよ、って感じなんですけど。当時の私にまずできることが、ブログを書きつつ自分を見つめ直し、性的な意識を高めることだったのです。

そして、大人の階段を上りきっていなかった私は、大人の非常階段を慌てて駆け下り、踊り場で足を止めたりエレベーターを探そうとしたりしながら、迷走していくことになったのです。

CHAPTER 2

少しずつ少しずつ

2017.12 ▶ 2018.3

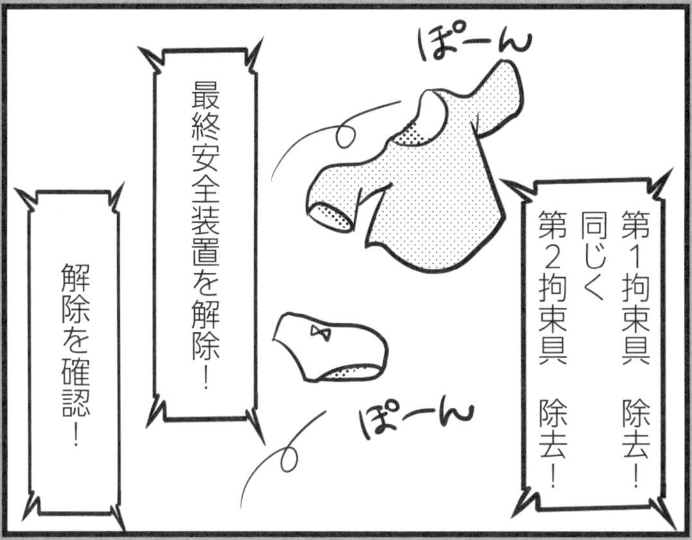

第1拘束具　除去！
同じく
第2拘束具　除去！
ぽーん
最終安全装置を解除！
ぽーん
解除を確認！

妊娠報告

友人からの報告
今5か月なんだ
おめでとう!
予定日は?
男の子?
女の子?
…とスタンダードな質問をしますが
本当に聞きたいのは
そんなことではなく
こんなこと。
レスの経験は?
月何回?
どーゆー流れで性交に至ったの?
計画的?
ダンナさん性欲強い?
うなぎリポーター

スペックと過程を、もっと詳しく……!　私の周りの友達は、すんなり自然妊娠という子が多いです。一気に遠い世界の住人に感じます。

妊娠報告　LINE編

友人からの報告
あみ
ご報告☆
お久しぶりです。
妊娠しました!
来年2月
出産予定です。
返信中…
ぽんっ
ぽんっ
まじで!
おめでとう!
無表情
ぽんっ
ぽんっ
わくわく
めっちゃ楽しみ
素直に喜べない
自分に自己嫌悪
……
スタンプとの温度差…
はあ~~~…

びっくりした～。こんなめでたい報告があったのに、スマホの画面に映りこんだ自分の顔が超怖かった。小学生に版画で彫ってもらったような顔してた。

目ざとい夫

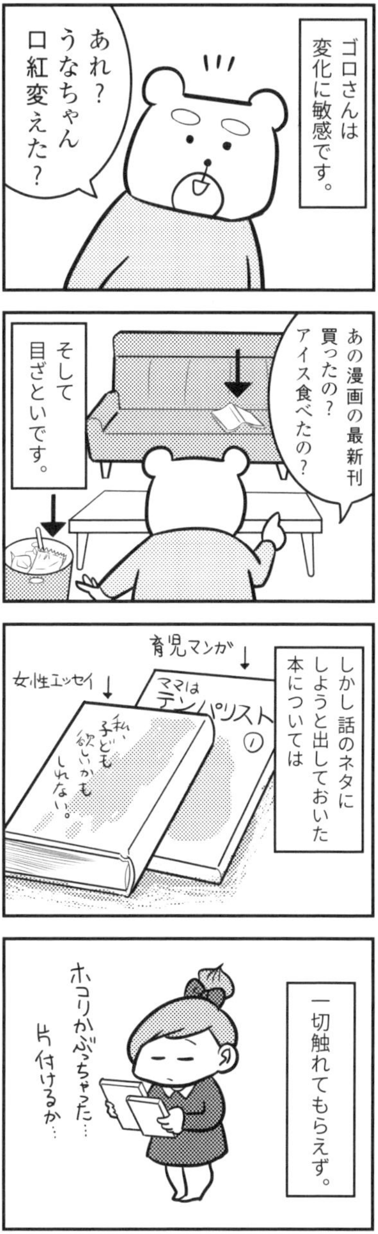

ゴロさんは変化に敏感です。
あれ？うなちゃん口紅変えた？
あの漫画の最新刊買ったの？アイス食べたの？
そして目ざといです。
しかし話のネタにしようと出しておいた本については
育児マンガ
女性エッセイ
ママはテンパリスト ①
私、子ども欲しいかもしれない。
一切触れてもらえず。
ホコリかぶっちゃった…片付けるか…

触れたら最後、と思われてる……!?　いつも回りくどいことばかりしているので、読者さまに怒られがちです!　キョエー!

子づくり協議①

ゴロさん もうすぐ結婚して3年経つけど子ども…まだじゃん？
うなぎ みんなに心配されてるんだけど…
みんなって誰？
父親とか親戚とか～
まじで！そんなこと心配されてるの～!?
ぷっ
HAHA HAHA
うな まだ29歳じゃ～ん 大丈夫大丈夫
うける
だめだこいつ… 早くなんとかしないと…

なんか、笑われた。ふ、ふざけるなーっ!!

子づくり協議②

何言ってるの⁉
「もう」29歳
なんだよ⁉
ばんっ
女性は
年齢とともに
妊娠する力がどんどん
低下していくんだってば！
妊娠
年齢
ハイこれ！
年齢別の流産率
染色体異常 ダウン症
発生率のデータ！
どんっ
資料
うなぎには
タイムリミットが
あるの
――――！
へーそうなんだ
ハッ
じゃあ
まだ結婚しない
あっちゃん
（友達）はどう
なっちゃうの？
イラッ
ゴロさん…
あっちゃんの話は
今はおいといて
もらえる？

発狂カウントダウン5秒前〜！

子づくり協議③

ゴロさん 都合悪くなると
すぐ話そらすんだから
――――！
ゴゴゴゴゴ
真剣に
話を聞け――――ッ!!
この前は子ども
ほしいって
言ってたじゃん…
うん
言ったね
でも
このままだと
無理なんだよ…
うなちゃん…
そんなに
泣いちゃって
可愛いのぉ
くわっ
からかう
なーッ
まじめに
聞けって
言ってるでしょ――――！
あー！
もういいよ！
うなぎ
ほかの男と
子どもつくる
から！
そんで何食わぬ顔で
育ててやるん
だから――！
わぁ
うなちゃん…
そっちのほうが
お父さんたち
心配するよ…

イライラMAX！ 必殺！ 泣き怒り！

子づくり協議④

ゴロさん人工授精っていう手もあるよ…？
これならゴロさんの子どもだよ
一緒に病院行こ？
うなぎはそれでいいよ…
ちょ待ってうなちゃん！
ゴロさん精子の提供をお願いします
わかったわかった！わかったから待って！
とりあえずあと1年…！
自然に任せよ？
いや…半年…待って？
…………わかったよ…
必死っ

「病院」というワードを出したらゴロさんの態度が変わったので、猶予期間を設けることで合意しました。

脳内反省会

子づくり協議見てましたよ
どうやって頭からうなぎ出すんですか？
うなぎ ゴロさんのこと責めすぎ～自分のことは棚に上げてさ～
立派な棚持ってるね～
今まで子どもについて真剣に考えていなかったのはうなぎも同じくせに
脱処女問題もセックスレス問題も～
脳内お花畑
「まだ働きたいから今は子どもは考えられない」とか言ってた時期もあったよね～
それが29歳になって急に焦りだしていきなり「子ども子ども」って言い出して泣きわめいてさ～
都合よすぎ～
ぐりぐり
ううっ
まあまあとにかくやっと一歩踏み出せたのですから頑張りましょうよ
ところであのうなぎ出す技教えてくださいよ

子づくり協議シリーズ、これにて終了！　お付き合いありがとうございました!!　6か月後（2018年5月末頃）、どうなっていることやら。こっわ。

年末大作戦①

はあーっ
クリスマス…結局タイミング合わず何もできなかった…
年末の連休しかチャンスはないのに！ なんだよこの予定は!!
12/28 THU
29 FRI
30 SAT
31 SUN
うなぎ仕事
うなぎ休み
29日夜からうなぎの実家に帰省予定
ゴロ忘年会
ゴロ仕事
姪っ子の誕生日会
大晦日パーティー
ぎっしり…
調整可能なのは29日だけど！ 家にいても雰囲気的に無理だろコレぇえええぇ！
あ゛ーっ
今年も処女で終わる～
こうなったら…
ホテルだ！ホテルを探そう…！
ガダダダダダダ

驚異的な集中力で、探せ！ 探し回るのだ……！

年末大作戦②

29日の夜 実家に帰る途中にホテルで1泊しない？
しゃかしゃか
ゴロさ～ん
えっなんで？わざわざホテルなんてもったいないよ～
MO TTAI NAI!
ココイツめ！全然わかってねぇ！
でもガマン！
地元に新しくできたホテルがあって評判もよくって安いし雰囲気もイイ感じなの！じゃらんのポイント余ってるしさ～（嘘）
泊まってこ？
わかった！それならイイよ
任せたっ
こうしてうなぎのお小遣いはホテル代に消えていく…

で、「〇〇イン」っていうホテルを予約しました。名前に「イン」がつくホテルって、縁起よさそうだし。
※innは宿泊施設って意味です。

準備

2017年最後のチャンスを無理やり作り出したうなぎ。
っしゃあああ
準備はぬかりない!
潤滑ゼリー
寝オチ防止の栄養ドリンク
イメージトレーニング
てってってて…
深層心理作戦(?)
宿泊先のホテル名を連呼しながらスクワット。
○○イン! ○○イン!

イメージトレーニングでは、「痛みを逃すために大きい声を出して気を紛らわせる」というアドバイスが参考になりました。練習あるのみ!!

もしかして

翌日にはゴロさんに変な言動がうつる。
○○イン! ○○イン!
いいぞ いいぞ
そしてついに
12月29日夜
しゅっぱ〜つ
ブロロロロ
ゴロさん 今日のお昼は何食べたの〜?
仕事納めだしゼータクしたの?
えっと…カキフライ定食
カキキタ〜!! 精力高まるヤツ
もしかしてゴロさんもやる気満々!?
ひゃっほおぉお

ゴロさんも、なにやらノリノリ!? もう、これは、イイ予感しかしない!!

負けない

ゴロさ〜ん
わざわざホテルまでとったんだから……！
今日こそ絶対負けない！負けない！負けない！
ぴょ〜ん
わぁ
もう雰囲気づくりとかどうでもいい!!
アレコレ考えずに触れ！
つかめ!!
触るのだ〜〜〜！
ガしっ
つ・か・も・う・ぜ!!
さわさわ
さわさわ
うなちゃん……！
ガコンッ
ON
OFF
ゴロさんスイッチ

ついに！　ゴロさんスイッチオン!!　もう、今回のうなぎは、いつもとひと味もふた味も違いますからね。もはや何を食べているのかわからなくなるほど。

いつもと違う

ホテル到着
○○イン
チェックイン！
大浴場
え〜まだ11時じゃん
アハハ…
もう寝よ〜？テレビ消していい？
強制終了
……
プツン
ピッ

今日は、いつものうなぎじゃないのよ……。

夫婦の時間～前編～

ついに!!
ゴロさんスイッチ
ON!!
こちら放送席
待ちに待った夫婦の時間が
やってまいりました
結婚生活3年と
1か月にして
3度目となる挑戦です
まず主導権は
ゴロさんにあるようです
攻めの姿勢です
うなぎ
意気込みすぎか？
硬い　硬いな～
ゴロさんの立ち上がりは…
安定していますね
順調順調
さァ！　そろそろ
うなぎの準備が整ったので
しょうか？
うなぎ　挑発しています
サインはまだ
出ていないと思うん
だけど…
ゴロさんは…攻めづらそうですね
うなぎ　顔をしかめています
やはり痛みがあるのでしょうか
まあ　ここは
我慢のしどころだから
角度は…どうでしょうか？
ここはコントロールミスが
許されない場面です
…ですが
あ～～ゴロさん！
力が持ちません！
うなぎ　必死に
ゴロさんを
刺激しています
素早い動きです
あ　復活した
しかし今度は
うなぎの表情が曇っています
うなぎ　ここでタイム！
タイムを要求です！
持ち場を離れ何かを
持ってきましたね…
なんでしょうか
チューブ容器に見えます
滑りをよくする
ゼリー状の潤滑剤だ
この前買ってたヤツだ
おや？　ゴロさん何やら
叫んでいます
音声　音声拾えますか～？
「冷た！」と言ってますね
どうしたのでしょうか
潤滑剤が
冷えてたんじゃない？
室温が低い冬場は
注意が必要だよ　アレ
うなぎ　予想外の展開に
まごついてます！
大丈夫でしょうか？

冬の潤滑剤、キケン！　手のひらでよく温めてから使いましょう。

ヒーローインタビュー

放送席 放送席
本日は守備評価の高い
注目選手にお越し
いただきました～！
お疲れさまでした
お疲れさまでした
まずは試合を
終えての感想を！
そうですねー
まさにあちらを
立てれば
こちらが立たぬ…
といった感じで…
厳しい試合でした
今回も見事
守り抜きましたね！
一体何が
したいんですか!?
自分でもよく
わかりません…
皆が普通にしていることが
できないのです…
でも今回試合に
持ち込めたのは自信に
つながりましたし
「またしようね」との言葉を
頂戴しました！
心の中では大勝利です！
最後に皆さまにひと言
お願いします
今後も試合に
出られるよう努力して
一戦一戦大切に
プレーしていきたいと思います
ありがとうございました！

以上です！　お付き合いありがとうございました！
今年こそ　守備の隙つき　ホームイン（うなぎ　心の川柳）

夫婦の時間～後編～

ゴロさん ここから追い上げて
いきたいところですが…
再び委縮し始めて
しまいました…
これはピンチです
うなぎ 必死に
励ましています！
ゴロさんにエールを
送っています！
フレー
フレー
GORO
ゴロさんにエールが
届いたようです！
潤滑剤も
温まってきた
ようです
大きい
固そ～
対してうなぎ
厳しい表情
構えが硬いですが
ゴロさんへのエールは
止まりませんね
緩急がすごい
あーーッ！
ゴロさん ここで己を
出し尽くしました！
試合終了～～～！
無念！ 無念です！

こうして2017年最後の試合は幕を閉じたのであります。官能小説ブロガーには到底なれないと悟った冬。

セカンドインパクト〜前編〜

成人の日の夜
それは突如としてやってきた…!
うなちゃん…
もぞ もぞ…
ゴロさん、襲来
特別非常事態宣言発令!
ビー
ビビー
受け入れ態勢整えます!
しかし!今夜はムダ毛処理未遂です!
そんなの知るかっすべての受け入れ装置をオン!
ガチャーン

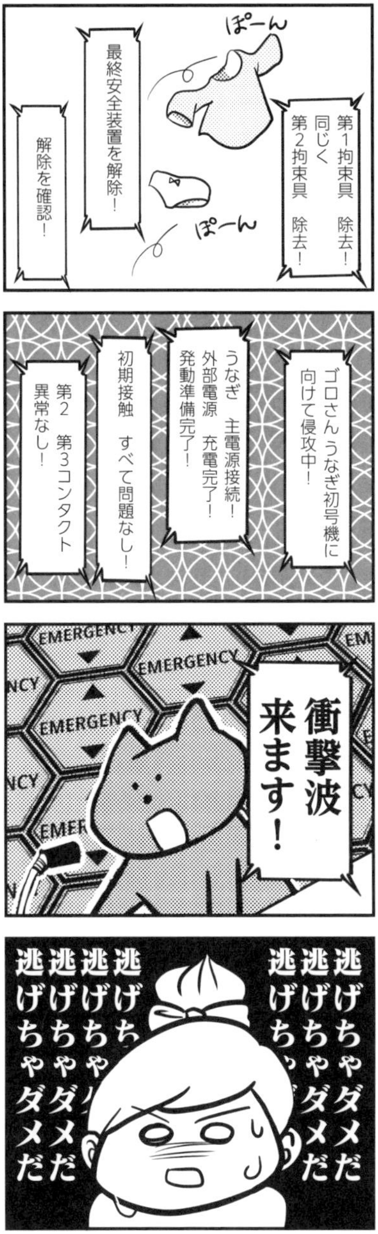

第1拘束具 除去!
同じく第2拘束具 除去!
ぽーん
最終安全装置を解除!
ぽーん
解除を確認!
ゴロさんうなぎ初号機に向けて侵攻中!
うなぎ 主電源接続!外部電源 充電完了!発動準備完了!
初期接触 すべて問題なし!
第2 第3コンタクト異常なし!
EMERGENCY
衝撃波来ます!
逃げちゃダメだ
逃げちゃダメだ
逃げちゃダメだ
逃げちゃダメだ

こんなチャンス、二度とないぞ!

セカンドインパクト〜後編〜

EMERGENCY
!?
警報
WARNING
ビーッ
ビーッ
うなぎ初号機　暴走中！特殊バリア「A．T．フィールド」を受口付近に展開中!!
え!? 何!? 何!? なんで!?
ちょっと！早く解除してよ！
駄目です！完全に制御不能です！
ERROR
A.T.FIELD
ビーッ
ビーッ
目標先端部が内部第1エリアを通過！最下層を目指しています！
先端部キター——！
補足　補足！ただ今通過中の先端部とは「指先」のことであります
勘違いするなよ？
ふっ
な なんだと？ ゆ…指…？
それにしてもA．T．フィールドが強硬すぎてらちがあかない…
ビーッ
ビーッ
!
内部システム異常！遮断信号が出ました！活動限界まで10秒前…9…8…7…
退避〜！緊急退避〜！繰り返す！緊急退避〜！
作戦中止！手動装置へ切り替え目標を鎮静化！

目標、鎮静化。初号機パイロット、無事保護。このッ！いくじなし——！

脳内反省会

セカンドインパクト
反省会会場
またしても失敗…なんてことだ…
ほんと うなぎ ポンコツすぎ! 残酷! ゴロさんかわいそう!
少年だったら神話になってるわ
まあまあ
今回はゴロさんからしかけてくれましたし事後も優しくうなぎを励ましてくれて私は感動しましたよ
できなかったことよりできたことに目を向けましょうよ
うなぎ
補完計画
～新性器エヴァン
うん…この思い出だけであと1年は生きていけるかな…♡
ぽっ
うわ～これはまたセックスレスの予感～
満足するな! 努力しろ!

1年に1回で満足してしまう癖がついてるー! いかんいかん。ヱヴァンゲリヲン新劇場版が完結するまでに私も補完したい。庵野監督、競争だぜ……!!

やるべきこと

短期間にこうも失敗が続くとやる気失うわぁ
はあ…
ゴロさんも同じ気持ちかなぁ…
しかも最近のゴロさんは新しいゲームに夢中だししばらく夜のスキンシップは無理そう…
くそっ モンハンめ
この期間も有効活用することにしましょう! 自主練に励むのです!
受け入れるトレーニング
もうやるしかないですよっ
うなぎ がんばー
はいコレ貼っておいてー
工事中
ひぃいいっ

そう、私、自分の洞窟探検をしたことがないんです。それなのに、その未知の洞窟にゴロさんの探検隊を派遣してさ。本当、申し訳ないと思っています!

タンポンチャレンジ

定期報告会
そういえば「膣ケア」はどうなりました？
頑張ってますか？指入りました？
いやあ…実は指を入れるのが…やっぱりハードル高くて…
まだ…モゴモゴ
相変わらずヘタレだな～
だからね！まずは生理用タンポンで慣れていこうと思う！
怖くてまだ試してないけど！
タンポン
ば
んっ

いやあ、だって、その……細長いバットのようなフォルムが強そうなんですもん！　背番号1のすごいやつが相手ー！　って逃げたくなります。

膣ケア開始？

膣ケアをすべくセサミオイルを買いました。
SESAME OIL
入浴し体を温めたあと
外性器をオイルマッサージ膣の中に指を入れ状態を確認する…
ふむ
ふむ
ちつのトリセツ
入浴後
いざ！
ほか
ほか
……
………
膣って…どこ…？
もぞ
もぞ

膣の場所、わかりにくすぎません？　あれ？　こっちは……東京湾……？　あれ？　駿河湾だ、行きすぎィィィ！　って、戸惑わない？

復習

タンポン…一度使ったことありましたね?
うん一応…25歳のとき温泉旅行で…
生理用
タンポン
コンパクトタイプ
なんだ～できるじゃん
ガタッ
ちょ! 簡単に言うなよ!?
入れるまでどんなに大変だったか! もう二度とやるもんか! って思ったんだから!
まぁでもやっとヤル気になったのですから!
善は急げ! です!
4年ぶりにチャレンジしてみましょう!
まずは使い方の復習から!
とり
んっ
タンポンとは
こんなこともあろうかと動画用意してましたよ!

スーパースター、タンポン様のお出ましだ～!

改めまして

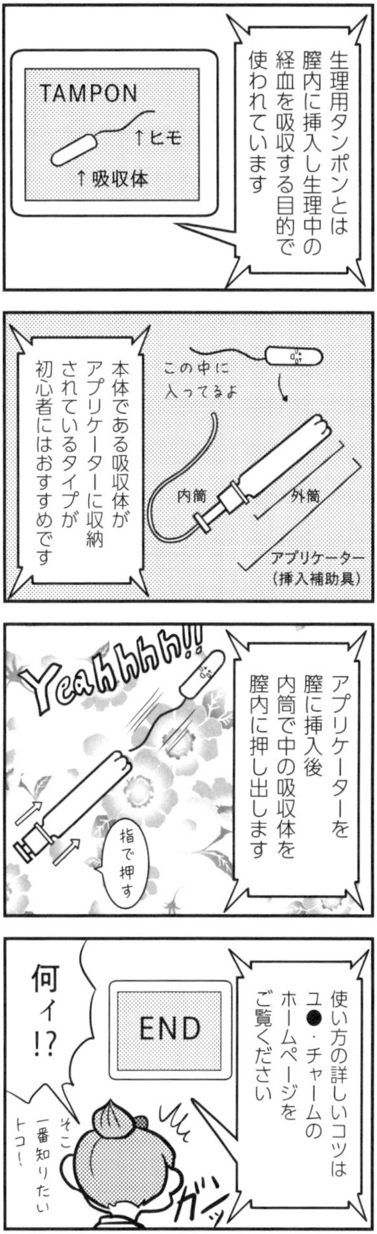

生理用タンポンとは膣内に挿入し生理中の経血を吸収する目的で使われています
TAMPON
↑ヒモ
↑吸収体
本体である吸収体がアプリケーターに収納されているタイプが初心者にはおすすめです
この中に入ってるよ
内筒
外筒
アプリケーター
(挿入補助具)
アプリケーターを膣に挿入後内筒で中の吸収体を膣内に押し出します
Yeahhhhh!!
指で押す
使い方の詳しいコツはユ●・チャームのホームページをご覧ください
END
何ィ!?
そこ一番知りたいトコ!
ガッ

いや……描くのがメンドクサイとか……そーいうんじゃ……な、なななないですよ?

そして

2月某日（生理2日目）
大丈夫！
一度は入ったんだからできるできる！
ドキドキ
あわてないで落ち着いていけ…
大きく構えろ…
ゴゴゴゴゴ
えいっ えいっ
そこどけ そこどけ
フラッ…
ヒイイイ…
血まみれになった手を見て貧血を起こし作戦中止——!!
ダメダメ…

誰にも知られることなく終わった戦いがここに、あったのでした。その様子を背後からあたたかく見守ってくれていたのは便器だけでした。

コツ

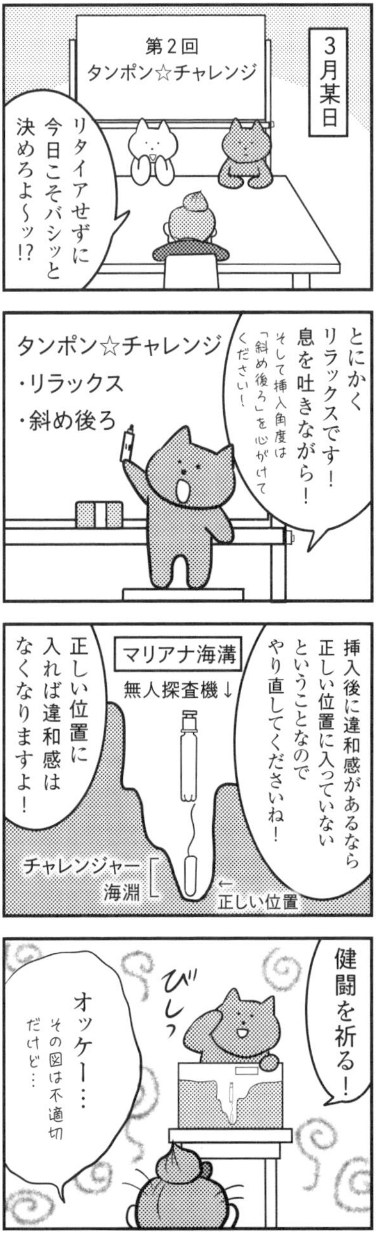

3月某日
第2回 タンポン☆チャレンジ
リタイアせずに今日こそバシッと決めろよ〜ッ!?
とにかくリラックスです！息を吐きながら！
そして挿入角度は「斜め後ろ」を心がけてください！
タンポン☆チャレンジ
・リラックス
・斜め後ろ
挿入後に違和感があるなら正しい位置に入っていないということなのでやり直してくださいね！
マリアナ海溝
無人探査機↓
正しい位置に入れば違和感はなくなりますよ！
チャレンジャー海淵
←正しい位置
健闘を祈る！
びしっ
オッケー…
その図は不適切だけど…

B'zの『ultra soul』のハアイッ!!　のところで入れるとよいというアドバイスをいただいたのですが、むしろ力が入ってしまうのでは……？

深海生物

落ち着け うなぎ！ 冷静に… 冷静に…
すーはー
ていうか… タンポンをあてがう 場所は合ってるの？
鏡〜!!
本当は使いたくなかったけど…
ただの鏡〜!!
ササッ
じっ…
……
……!!
こ…これは…
し…深海生物…!?

鏡、使いたくなかったんですけど、だいぶ助けられました。

リベンジ

ふ〜っ
リラックス リラックス
いざ！
ハアアッ
！
いかんいかん、リラックス リラックス…
よし！
ふんぬーっ
いかんいかん リラックス リラッ…
できるか ーッ!!
NO〜

で、『ultra soul』のオルゴール版買いました。ハァイッ!!　のところがやっさしー音色でピリリンッ♪って鳴るので、笑えて脱力しちゃうのです。

再開

あまりの衝撃光景にしばらく落ち込みつつ…
ブツブツ
え…?まじで?こんなにグロいの…?こんなの飼ってて大丈夫?
鏡を見ながら再開!
怖くない…
怖くない…
ズズズズズ
GO!
ズズズ…
!!
スルッ
…い 今…アプリケーターが入ってる…?
もしかして…

全然、痛くもかゆくもないぞ!?

やればできる

入ってるよーッ!あとは本体を押し出すだけーー!
そ〜れ!
Yeahhhhh!!
は…
入ったあああ…!
しかも意外とあっさり〜

大切なのはやっぱり正しい位置と角度なんだな、と再確認しました。あ、具体的に何度? とか聞かないでね? 実はよくわかってないから!

ご報告

そして…
ゴロさん♡うなぎ
温泉旅行ダイジェスト
なんで入らないの……
うっうっ
わー
行為中に
悔し泣きかよ~
ぐすん…
ぐすん…
ないわ
萎えるわー

成功しないどころか私、途中で泣いてしまったんです。まさかの、悔し泣き。そんな人、います？　いたら、マイミクになって？(懐かしいな)

おさそい

そんなある日
3月か…
3月
March
前回の夜のスキンシップからもうすぐ2か月…
うな~
どこか行きたいとこある？
泊まりで行こうかー
え!? 旅行!?
行きたい！
温泉行きたい！
場所はどこでも！
温泉りょうか~い
宿探してみる
やった~お泊りー♡
きっとゴロさんにもその気あるんだ~
…でもやっぱり
家ではしてくれないのね~
ウフフ~

というわけで、温泉旅行!　意気込みすぎると失敗するから、今回はリラックスして、ありのままで空へ風に乗ってありのままで飛び出してみる!

温泉旅行反省会

うなちゃん…泣かないで…
ぎゅっ
早送りしていーい？
ゴロさん…やっぱりうなぎの体って異常なのかな…？
何言ってるの…異常じゃないよ…
婦人科で診てもらったほうがいいのかな…？処女膜切開手術とかもしてもらえるみたいだよ
ゴトッ
だー
だからそんな必要ないってば…
あーあ…
まだほかにできることあるでしょ…？
できることって何……？
……
おっ
……
ゴロさん…具体案頼みますよ
……
温泉旅行
ダイジェスト
完
ブツンッ
えーーっ
まじかー
これで終わりですか!?
ゴロさん できることってなんですか!?

婦人科へ行く決心もついていないくせに、ゴロさんを試すような発言をして雰囲気をもぶち壊したこと、後悔しております。

COLUMN

恥の多いブログを書いてきました。

自分には、世間一般の夫婦が、一体全体どういう手順を踏んで子どもを授かっているのか、見当がつかないのです。

「妊活を始めるなら早いほうがいい」、「子どもがほしいなら病院で検査したほうがいい」と家族や周りの友人は言うんですけど。

「まだ処女の場合は、どうしたらいい？」なんて絶対に言えなくて。口が裂けても言えなくて。あ、いや、実際に口が裂けそうになったら怖いし痛いので、洗いざらい話しちゃうとは思うんですけど。カミングアウトついでに、職場の機密文書の内容だってペラペラ話しちゃうと思いますし、上司の岡田さん（実名）の秘密だって暴露したっていいです。それくらいの意志の弱さではあるんですけど。普通の状況下では、まだ自分が処女だなんて口が裂けない限り言えないのです。

誰かに相談したとしても、「どうにか頑張って入れろよ」と答えるしかないと思いますし。でもって、「そんなことにつまずいていたら、出産の痛みに耐えられないよ」というおまけつきに決まっているんです。さらに、「子育てのほうがもっと大変なんだからね！」という説教に発展すると思うんです。これ、だいたいセットでついてくるんです。頼んでないのに無料でついてきます。で、締めの言葉は、「甘ったれたこと言ってんじゃねーよ」でしょ？　そう、だから言いたくないんです……。

脱処女をもくろみ、旅行を計画して、意気込みは十分なはずなんです。それでも、本番になるとうまくいかないのです。入らないのです。どうも試合中盤での粘りが足りないみたいです。もっと粘り強く地道なアプローチを続けていけば達成できそうな気がするんですけど。ステップ・バイ・ステップで、裸のまま突っ込んでいただければ、いけそうな気もするんですけど。いざ現場の最前線に立たされると、「今日はもういいや。ここまで！」という気持ちになってしまうのです。痛みに負け、場の空気に耐えられなくなった司令塔の処女が、激しくディフェンスをしながら試合終了の笛を鳴らしてしまうのです。

「入らない、入らない」と嘆いてばかりいると、ゴロさんが装備している下半身のモノが、ウルトラギガモンスター級に大きいから入らないのでは？　と推測する方が多いと思います。しかし、決してそんなことはないのです。そんなことないって否定するのもどうかと思いますが、私の日々の研究（ネットサーフィン）によると、ゴロさんがお持ちのモノは、日本人の標準的なサイズ感だと思われます。

　でも、面倒な要望をするクライアントに対して、「上の者に確認してまいります……」と言ってその場をいったん立ち去り、上司に判断を仰ぐように、私も、私の「下の者」に確認させていただかないと、ちょっと……って後ずさりするくらいには、ゴロさんの下のモノは、私にとっては大きいと感じています。平素は格別のお引き立てを賜《たまわ》っているからって、簡単にお通しできる相手ではないと思うのです。

それを、よくもまあ、皆さん簡単にやってくれるわね？　どうしてできるの？　と疑問しかわきません。

とにかく、非常にアクセスしづらい状態が続いています。時間をおいてから再度お試しくださいって、どこかで見たことのあるエラーメッセージが私の下の者から発せられるのです。私の現状のシステムでは力不足のようです。

こうして夜のアクセスは持ち越しを積み重ね続けていったのです。

しかし、ここで立ち止まってしまえば、また振り出しに戻るだけです。どうにか一歩でも前に進みたいところです。

これはもう、自主練しかないだろう、日常使いしやすいように独自開発をしよう、下の者の稼働率を上げよう、活動領域を広げよう、近づきたいよ君の理想に、と思いまして。膣ケアに取り組もうと、オイルを購入したわけですが。自分の指を中に突っ込み、最深部へアクセスすることに恐怖心と抵抗があり、続きませんでした。

というわけで、独自開発事業において初心者の私は、まず、タンポンとやらを試してみようと思いました。でもこのタンポン、慣れないとなかなか強敵です。だって、膣の場所、わかりにくすぎやしませんか？　なんだか全体的に複雑すぎる構造な気がするんですけど。案内看板があってもいい気がするんですけど。何、この立地。薄暗い中央通り沿いは、風通し、水はけが相当悪そうです。しかも、ちょっとでもよそ見していたら通り過ぎてしまうくらい、こぢんまりとした門構え。え？　ここから？　入ります？　本当に？　みたいな、一寸先が闇な門構え。その門の入り口は、伸縮性がとにかくすごいから大丈夫！　ウルトラストレッチタイプだから安心して！　と各方面で聞いてはいるんですけど、ぱっと見た感じでは、５００円玉貯金もできなそうな雰囲気なんです。

私は鏡を使ってなんとか進入路を確保することができましたが、見ていて気分がいいものではありませんでした。目を覆いたくなるような外観なんです。

水際に薄紅《うすべに》色の可愛い花でも咲いていたらよかったんですけど。

手付かずで野暮ったくて、草むしりも庭掃除もできていませんでした。世の果てに似ている漆黒の羽っぽいのが舞い遊んでいて、できれば近づきたくないオアシスって感じなんです。いつもこんな私を見せつけてすみません、愛されたいと願ってしまってごめんなさい、とゴロさんに心から謝りたくなりました。

そして問題のタンポンは、挿入角度が大事だということがわかりました。絶好の位置に収めるためには、角度を意識したポジション争いが不可欠なんですね。

もう、自分の体のことなのにわからないことだらけです。本当に情けないです。自信喪失しそうでした。

それでも、「そう、じゃあ、お気をつけて……」とタンポンを見送ったあとは、気持ちが晴れ晴れとしました。何か大ごとを成し遂げた気分になりました。

いまだに鏡なしでタンポンを使うのは難しいですが、いつか、アクセサリー感覚でサッと身につけられるようになりたいものです。

CHAPTER 3

妊活始めました

2018.4 ▶ 2018.12

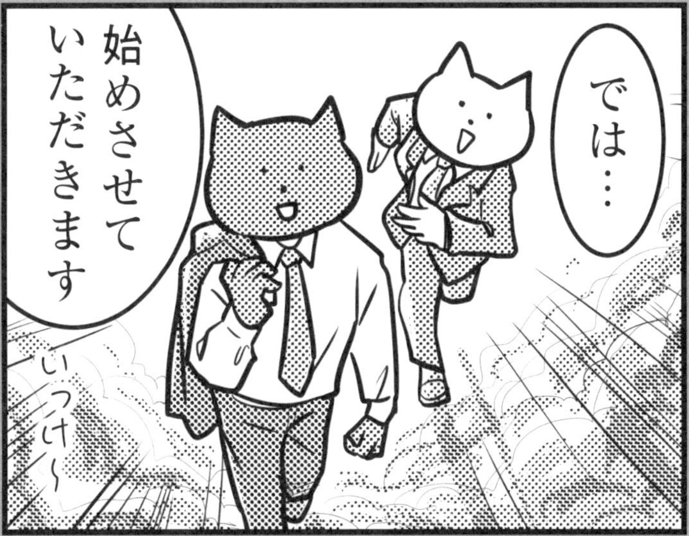
では…
始めさせていただきます
いつけ～

夫婦のさしすせそ

うなぎ&ゴロさん夫婦の「さしすせそ」！
ととのいましたーッ
㋚ 触るだけで満足
㋛ 仕事が忙しい
㋜ すれ違い生活
㋝ 性的な話ができない
㋞！ そ……
そ…そ…？
ちゃんとととのってから言えよおお
！
そうだ
京都行こう
ガタッ
こういうときは旅行でしょう！
結局それかよ！
毎回毎回…

もう飽きたぞ～!!　でもでもゴロさんがその気になってくれるのは旅行しかない!　の法則です。

おうかがい

エッチするために毎回旅行計画するとか…どんだけ時間と金かかるんだ…！
10000
でもそれしか思いつかねエエエ～くっそおおぉ～
ウギ
5月某日
ゴロさ～んいつゆっくり休めそう？
しごと…
う～ん6月以降かな～？
5月はイベントあるし…
えっ 6月!?
1か月以上も先じゃん！
………
そういえばゴロさん……去年の12月に言ったこと覚えてる…？
え なんだっけ？

なんだっけ……？　と思った方は、39ページで復習!

本当は

う〜ん
ゴロさんも病院行こうって言ってくれたけど…なんだかな〜なんかちが〜〜〜う…
もしやうなぎゴロさんが**病院行く前にもう一度2人で頑張ってみようよ!**とか言ってくれるとでも思ってたな〜?
待って!うなちゃん!
これだから少女漫画育ちは〜
いや別に…そんな期待はしてないけどさ…
……
じゃあ何なんだよ〜なんで乗り気じゃないんだよ〜
うなぎのこだわりはやっぱり「脱処女」なんですか?
まあそうだと思って今まで会議とかしてきたわけですけどね
うなぎはどうしたいんですか?

本当は、どうしたいんだろう?

あっさり

半年待って子どもできなかったら病院行こうって話!
あれ?そうだっけ?
ゴロさんとぼけないで〜
とりあえず病院で検査だけでもしてみる?あでもいきなり検査ってのも抵抗あるよね…まずは相談…
いいよ〜
え?
いいよ〜病院行こ〜
あっさり
アレ?いいの?
いいよ〜

拍子抜け。

わかんない

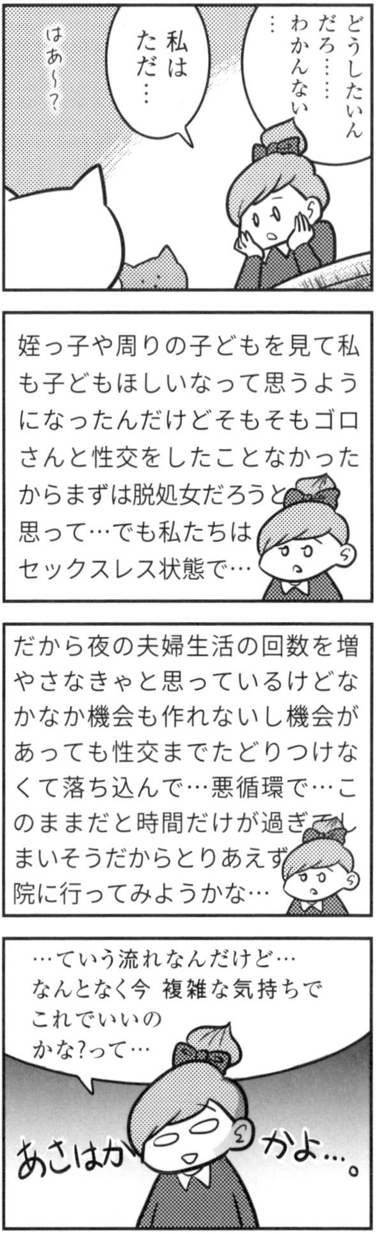
どうしたいんだろ……わかんない…
私はただ…
はぁ~?
姪っ子や周りの子どもを見て私も子どもほしいなって思うようになったんだけどそもそもゴロさんと性交をしたことなかったからまずは脱処女だろうと思って…でも私たちはセックスレス状態で…
だから夜の夫婦生活の回数を増やさなきゃと思っているけどなかなか機会も作れないし機会があっても性交までたどりつけなくて落ち込んで…悪循環で…このままだと時間だけが過ぎてしまいそうだからとりあえず
院に行ってみようかな…
…ていう流れなんだけど…なんとなく今 複雑な気持ちでこれでいいのかな?って…
あさはか
かよ…。

自分のことなのに……わからない……。

卑怯者

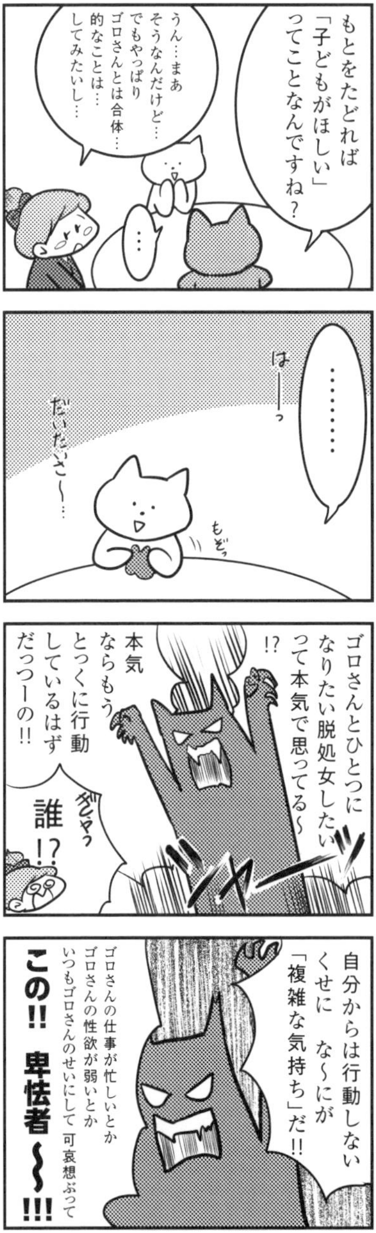
もとをたどれば「子どもがほしい」ってことなんですね?
うん…まぁそうなんだけど…でもやっぱりゴロさんとは合体…的なことはしてみたいし…
…
………
は———っ
だいたいさ~…
もぞっ
ゴロさんとひとつになりたい脱処女したいって本気で思ってる~!?
本気ならもうとっくに行動しているはずだっつーの!!
誰!?
自分からは行動しないくせに な~にが「複雑な気持ち」だ!!
ゴロさんの仕事が忙しいとかゴロさんの性欲が弱いとかいつもゴロさんのせいにして可哀想ぶって
この!! 卑怯者~~!!!

いつも人のせいにして。マジお前いい加減にしろよ?

解散

言い訳ばかりして
自分を守って…
結局うなぎは
現状維持を
選んでるだけ
なんだよ
——!!
ドーン
もう
付き合ってらんな〜い
ふーっ
ビシッ
解散!!
お前は一生そのままだ
ひとりで
やってろ!!!
ちょ…
ちょ
待てよ!
かいさ〜ん
いこいこ
わっ

そうでした。私はただの臆病者の卑怯者でした。

それはそれ

まっ
待って…
待ってよ…
解散やだ…!
うなぎ!
なに?
言い訳以外なら
聞くけど
え…
えっとお
…
ゼェゼェ
たぶん「子どもがほしいから
まずは脱処女!」っていう考えが
事態をややこしくさせてると
思うんだよね…
それで結局「脱処女」に
とらわれてそれができない
理由探しに一生懸命になって
「子どもがほしい」って気持ちが
どんどん見えなくなって…
だから…ひとまず「脱処女」と
「妊活」を切り離して
考えてみることにする…
脱処女のチャレンジは
これからも続けるけど
現状を打破するためにも
一度婦人科に行っ…
ハイ!!
行ってらっしゃー
——い!!
ヒイッ
ぎゃっ

すべての道はローマに通ず。どの道通ったっていいわけですよ! 今までの私は、私のシルクロードを開通させることにこだわりすぎていました!

婦人科選び

――というわけで
人生で初めて婦人科へ
行くことを決心。
不妊治療に向けて
まずは婦人科の
内診に
慣れよう
処女でも安心して
行けそうなところ
ないかな…
カタカタ
検索
検索
おっ
マリアナ レディースクリニック
【診察内容】
● 性交障害
お気軽にご相談ください
「性交障害
気軽にご相談ください」…
家から少し遠いし
不妊検査と不妊治療は
やってないみたい
だけど…
よさそう…!
処女に優しそう…!
レディース クリニック
そして――
いざ出陣!!

専門の婦人科で一気に検査してもらえばそれで済むのだろうけど、フルコースの検査を受けるのは怖いし、なんせ 私は一流の先延ばし屋ですからね。

いざ出陣

思いのたけを
問診表へ記入。
受付
性行為の際
挿入に至れません。
念のため
膣周辺に異常が
無いか 診て
いただきたく…
ガリガリ
ゴリ ゴリ
56番の方
診察室へどうぞ~
ドキ
ドキ
ドキ
ドキ
ドキ
ドキ
ドキ
性交渉ができない
とのことですが…
最初に「チャレンジ」
したのはいつですか?
21歳のとき
です…
今までに
「チャレンジ」は
何回くらい
しましたか?
えっと…
十数回だと
思います…

というわけで! このあとは出会って4秒で内診!!
……と思いきや、まずは問診です。

いざ問診

自分ではどうしてうまくいかないと思いますか？
…私が「痛い」と言って行為をやめてもらったり…
痛みを我慢している私を見て夫の元気がなくなったりいろいろあるんですけど…
「チャレンジ」の回数が少なくて間隔もかなり空いてしまっているので
経験不足の問題だと思っています
言っててむなしいな
なるほど
カタカタ
カタカタカタカタ
カタカタカタカタ
カタカタカタカタ
わ———めっちゃ記録されてる———ッ
恥ずかしーッ

先生……カルテっぽいやつに何て書いたんだろ？21歳から8年以上も何してたんだよワロスとか書かれてたら辛い〜〜。

いざ内診

では入り口が狭いかどうか診てみましょう
右手の内診室へどうぞー
こちらに座ってください
出た———!!内診椅子———ッ!
ピンク色ォォ
搭乗〜!!!
椅子倒しま〜す
ウィ〜ン
グィ〜ン
脚開きますね〜
Oo
うなぎ行きまーす！

台座の昇降、背もたれの角度変更、開脚の全てが自動で行われるタイプの内診椅子でした。銀河へ向かって翔べそう……！

まだ内診

綿棒入れまーす
綿棒!?
ここは痛いですか?
いいえ…
こっちは?
や…痛く…はないです…
ここはどんな感じ?
ソイヤッ
い…痛いか痛くないかで言えば痛いですけど…そこまででは…ないです
何このプレイ!!
何このプレイ!!
わわ
わわ
言葉責め!?
※診察です
言葉責めされてるねコレ

もう、されるがまま。数々の夜の場面で不本意ながらもスーパーセーブをこなしてきた私の下半身の守護神も、先生の前ではあまりにも無防備すぎて。

いざ御開帳

御開帳〜
力抜いてくださーい
は　はいぃ…
器具入れまーす
はいぃ…
……力抜いて?
!!!
ぐりぐりっ
ぐりっ
ガチャガチャ
えええええ!? うっそおおおお
せ先生…!!
結構　扱いが雑
——ッ!!

まさかのジェットストリームアタックー!!　そんな雑な扱い、ゴロさんにもされたことないのに—ッ!

まだまだ内診

ヒエエエエ…
うーん…大丈夫そうですねー
確かに処女膜があるので指1本がやっとという感じはありますけど…
普通です
フツウー!!!
普通
そうですか…よかったです…
ここがね～処女膜なんですけどねー
!?
せ……先生——ッ!!
つんつくつん♪
わなわな

先生に、おはこんばんちは！　されて、大混乱です。

もう安心？

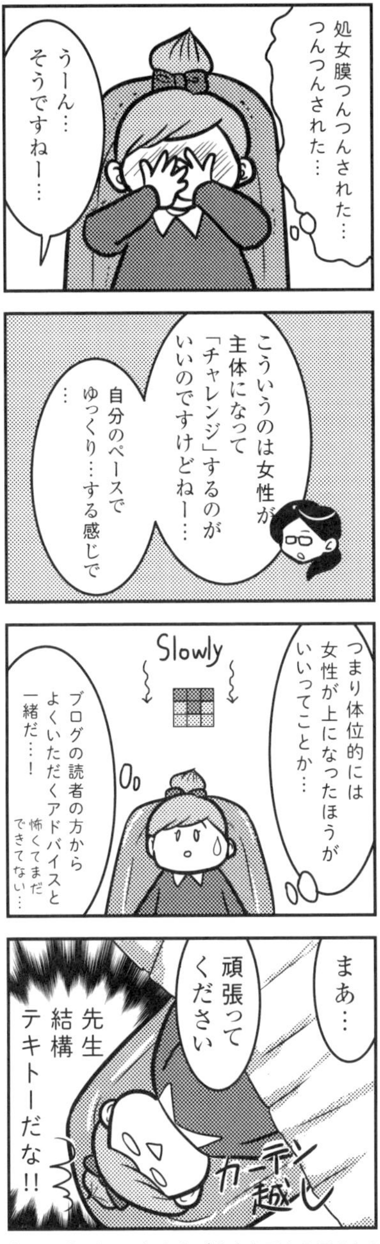
処女膜つんつんされた…つんつんされた…
うーん…そうですねー…
こういうのは女性が主体になって「チャレンジ」するのがいいのですけどねー…
自分のペースでゆっくり…する感じで…
つまり体位的には女性が上になったほうがいいってことか…
Slowly
ブログの読者の方からよくいただくアドバイスと一緒だ…！
怖くてまだできてない…
まあ…
頑張ってください
先生結構テキトーだな!!
カーテン越し

あとはゴロさんの打ち上げ花火を下から見るか？上から見るか？　っていうポジショニング的な？セットプレー的なアレなわけで。

セイコウ

椅子戻しまーす
グイイイーン…
ふぅ…
ほかに何か聞いておきたいことありますか？
ジャーーッ
モヤモヤしていたこと一応確認しておこう…
あの…私って子宮頸がん検査を受ける必要はありますか…？
子宮頸がんに関するヒトパピローマウイルスは
性交渉で感染するので
検診は…
性交に成功したらしましょう
ふふっ
初めて笑ったー!!
セイコウにセイコウ…
自分で言って笑ってるーー!
そしてちょっと可愛い

ポーカーフェイスの先生が最後、性交に成功……って自分で言って自分で笑っていたのにはキュンとしました。

普通

こうして無事(?)診察は終わりましたが
どうもありがとうございました
終わった…
よかった…体は「普通」みたい…
でも…それなのに…
みんなが普通にできていることが　私にはできないんだ…
自分の情けなさに涙があふれて止まらなくなり
涙目のままクリニックを後にしたのでした。

本当は、異常がないことを確認して安心したかったはずなのに、みじめな気持ちになって涙が出てしまいました。いい歳してお恥ずかしい。

頑張る？

ゴロさん うなぎね 今日初めて 婦人科行って きたんだ～
へー そうなの～
先生におまた グリグリされて 痛かった～
うなちゃん かわいそ～ じゃん
ぎゅう
よし よし
でね うなぎのおまた 異常ないみたい～先生に 頑張れって言われたよ～
そっかー よーし 頑張るかー
え!? 頑張るの!? 今夜!? 今夜あるの!?
ドキドキ

いつもはこういう話題を聞き流すゴロさんが、頑張ろうと言ってくれた!　まれに見る好感触!

なんで？

そわ そわ
そわ そわ
そわ そわ
そわ そわ
そわ そわ
ぐぅ～～
zzz
ふーっ
なかった…
……
ん…？ なんかホッと してる…？

自分から誘うこともできたはずなのに!　ゴロさんの手持ち花火に火をつけるのは私だし、あの鐘を鳴らすのも私だろ!!!

婦人科探し

妊活のために婦人用体温計を購入しました。
この前のクリニックで婦人科の雰囲気はつかめたから…
珍しくやる気〜!
今度は不妊検査を受けてみよう
検索 検索
カタカタ カタカタ
おおっ
こ これは…
ウェルカム オ〜ラ
ここいいかも…
ひとりひとりに 親身に寄り添う あまからレディースクリニック
お気軽にご予約&ご相談ください

ウェルカムオーラきたー!!!　しかし……このあと……自分の甘さに気付くのだ……。

婦人科予約

「相談もお気軽に」だって!
よしっ
予約してみよ
プルルルルル…
はい あまからレディースクリニック 看護師の木津井が承ります
おっ 看護師さんが出たぞ!
あ あの… 初めてお電話するんですけど…
ドキドキ
子どもを授かりたいと思っていまして… 不妊検査の予約をしたいのですが…
そうしましたら生理がきてから12日目にご来院ください
生理がきてから12日目…?
予定日から数えると… だいぶ先だな… あ 仕事的に無理かも
2018 7

こんなピンポイントに通院予約をするとは思っていませんでした。

予約のハードル

すみません…その週は行けそうにないのでまずは相談だけの予約を別日でとれませんでしょうか?
…せっかくお越しになるのですから検査も一緒になさったほうがいいと思いますよ
そうですよね…
では別の日でもできる検査からしていただいたりとかは…?
たしか月経周期に限らずできる検査もあったはず…
……基礎体温はつけていらっしゃいますか?
あ はい まだ始めたばかりなんですけど…
………
あっ 呆れられてる…?
検査して目立った問題がなければまず最初は排卵日を特定して夫婦生活のタイミングを指導していきますのでこの日この日と指定してご来院いただくことになりますから ~略~ とにかく指定した日に来ていただくことになりますので…
ペラ
ペラ
ペラペラ
ペラペラ
めっちゃ早口~!!

基礎体温のくだりから、だんだん早口で冷淡な口調になっていき、あ！　今、私、白い目で見られてるー！感が、しびれるほど伝わってきました。

お気軽に

そうか…今後も「その日行けない」とか言ってられねーぞってことか…
…わかりました…また調整して改めます
はあ…そうだよね…基礎体温測定も始めたばかりだし…
仕事を優先させているような生半可な気持ちじゃ駄目だよね…
もっと真剣に努力して通院している人がたくさんいるんだから…
それにしても…
ひとりひとりに親身に寄り添う
あまからレディースクリニック
お気軽にご予約&ご相談ください
ホームページとのギャップがツライ!
「まだ処女です」なんてとても言える雰囲気じゃなかったな…
場違いすぎる…

ホームページの宣伝文句を鵜呑みにし、本当に"お気軽にご予約&ご相談"しようとした自分めがけて強烈なスパイク打ち込んでやりたいです。えーん。

立ちはだかる壁

タイミングとれたとしても セックスができなきゃな〜
いちいち 言うなよおおお わかってるよおおお
ムキ〜〜
だからタイミング法の ステップを飛ばして 人工授精して もらおうと 思ったんだもん…
【人工授精】
採取し調整した精子を
細い管を使って子宮の奥へ
注入し 受精の確率を
高める方法
〈基本的な治療ステップ〉
検査 ← タイミング法 ← 人工授精 ← 体外受精 顕微授精
でもやっぱり 木津井看護師※の 言う通りですね
不妊治療は通院日が予測 できないうえにスケジュールも かなりタイトなようです
妊活たまごクラブ
※74ページ参照
「仕事との両立が困難」 という声が多数です
仕事を 辞めないにしても 職場の理解がないと 難しそうですね
ううう… そうなんだ…

でも、なんかね、自分から壁を作っているような気がします。不妊治療のデメリットばかりに目がいって、行動を起こす前に不安になっちゃって。

臨時会議

臨時会議
妊活たまごクラブ
はあああ…
なんか一気に やる気失った…
うなぎ… 不妊検査を受ける前に 〝不妊〟の定義にも 当てはまって ないもんな〜
【不妊の一般的な定義】
妊娠を望むカップルが
避妊をせずに定期的な
性交をしているにも
かかわらず
1年間妊娠しないこと
妊活
でもって一般的不妊治療として 最初に医師からすすめられる 〝タイミング法〟 だけど…
【タイミング法】
排卵日を予測し
医師から指示された
タイミングで性交を行い
妊娠の確率を高める方法
妊活

いろいろな壁が立ちはだかっていました。

これしかない

詰んだ…
ずーん
…
!
うなぎ…
もうこれしかないですよ!
シリンジ法です!
妊活中ご夫婦
必見!
自宅でできるシリンジ法

前々から見聞きはしていたシリンジ法。「なんか怖そう」という理由で、よく調べたことはなかったのです。

シリンジ法

【シリンジ法】
採取した精子を
シリンジ(針のない注射器)を使い
女性の膣内に注入する方法
専用のキットを使えば自宅で
簡単に行うことができる
海外ではポピュラーな妊活方法だそうです!
子どもがほしいけど性行為がうまくできないカップルに特にオススメみたいですね
うなぎたち夫婦にピッタリじゃ～ん
おっ
専用キット アマゾンで売ってるよ～～
買お
ぽち

先端部はシリコンゴム製で、丸みもおびてる安心設計! 私のデリケートな竪穴式住居へ楽々アクセス可能な感じなのです! 俄然、やる気になりました!

ひみつ道具

ゴロさん見てこれ〜
シリンジ法キットっていうんだけど…
……
……何これ
病院の予約とれないし…まずはそれを試してみたらどうかな〜って思うんだけど…どう思う？
まぁでも嫌だったら別に無理に
興味ある
やってみる？
え!!
ほんと!?
いいの!?
うん
怖いもの見たさっていうか
何それ！

とりあえず承諾を得たー!

"今日"

ゴロさんは興味あるって言ってくれたけど…
いざ誘ってみたら話そらされたりして…
ありえる…
でも基礎体温では今日なんだよな…言わなきゃ…
ただいまー
おかえりー
ゴロさんっ見てみて〜これ買っちゃった!
さっそく今夜協力してくれるかな〜?
明るくー!
いいともー!
ノリノリだ——!!

ゴロさんの下町ロケットの調子とかもあるし、一方的に取引を進めて嫌な顔されないかな? とかいろいろ気がかりもあったのですが、心配無用でした!

初めての夜

深夜
ゴロさん…そろそろ……
いいかな…？
はーい
もじ
もじ
ゴロさんの出したものこの容器に入れてもらえるかなぁ？
ひとりでできる…？
自力で出したものを採取するのが一般的みたいなんだけどネ
え〜うなちゃん手伝ってえ〜
ふにゃあ
可愛いなオイ！

私たち夫婦の日曜劇場が、ついに始まる！

打ち上げ

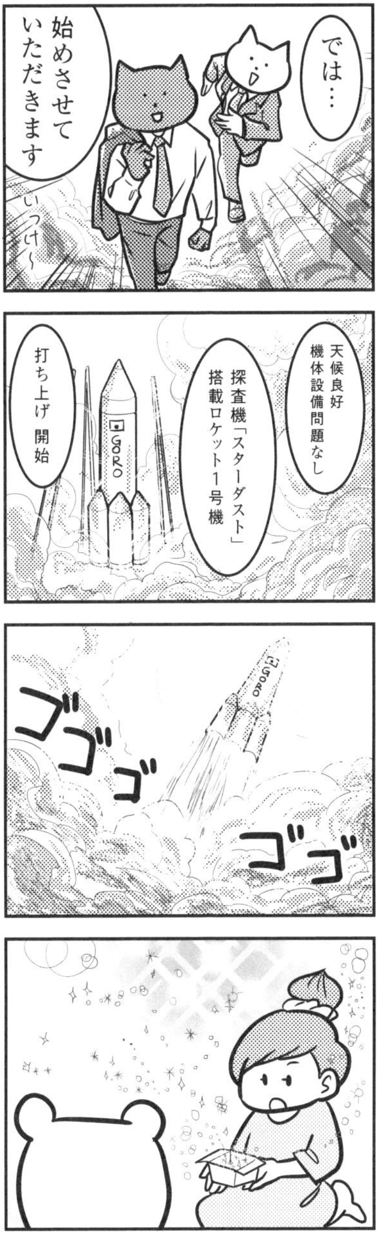
では…
始めさせていただきます
いっけ〜
天候良好機体設備問題なし
探査機「スターダスト」搭載ロケット1号機
打ち上げ 開始
ゴゴゴ
ゴゴ

帝国重工もびっくりなスターダスト計画。

しばし休憩

このあと
どうするの
?
あとはまかせて!
シリンジで吸い上げやすくするために10分ほど休ませま〜す
精子は乾燥に弱いのでラップをかけておきます
じゃあ10分暇だね〜
待ってる間マッサージしてあげる〜
ゴロさんご機嫌だなぁ…
よいしょ
よいしょ
あ〜きもち〜

めっちゃ気持ちいいです。 健全なマッサージです。

注入

10分後…
カテーテルをつけたシリンジで
ゆっくり!
精液を吸い上げて…
膣内へ注入!!
うわっ
こぼれる!
むずかしいっ
注入した精液が垂れないように
しばらく横になって待ちます。
プル
プル
プル

腰と足を上に持ち上げるこの体勢、する必要はないんですけど、ついついしたくなっちゃうんですよね。

できた

うな〜
できた?
できたよゴロさん!!
タンポンの経験が生かされたよ!!
それはよかった!!
じゃあ明日も頑張ろ〜
栄養高める食事を頼むっ
了解!!
スヤ〜…

果てしない夢の彼方へ……。

翌朝

翌朝
W·C
うわあ!!
お…おパンツに…
昨日ゴロさんからご提供いただいたものがついてる…
ヒィ!!
どろーっ
まだ出てくる…
い 入れたんだからそうなるのが普通なんだろうけど…
初めてだから知らなかったー!!

この、真冬の星座から舞い落ちた白い…White Love、どう扱ったらよろしいでしょうか?

どうすれば

生理周期も安定してるし
基礎体温も悪くないはず……
それでも本当の排卵日と予測日が違う可能性もありますからね…
まじかー
じゃあ何のためにキソタイオン測ってんの～
焦ってストレスになるのが一番よくないですよ～
いちいち落ち込みすぎ～
気になるなら病院で診てもらうしかないですね～
……

「妊活にはストレスが一番よくない」という言葉もストレスに感じていました。

君に届け

シリンジ法を繰り返し試すこと4か月後。
はあ～…
W·C
今月も駄目だったか…
毎月律儀に生理きすぎ――!
ジャ～
そんな簡単に妊娠できるなんて思ってないけどさ…
わかってるよ?
わかってるけどさあああ
辛い…

ラブレターを毎月送って返事が届くまで約1か月かかって、毎月振られているようなものだと思いませんか？　振った理由くらい教えてくれてもよくない？

あの先生

じゃあ…あと2か月…シリンジ法試して駄目だったら…
ぐぬぬぬぬ
不妊治療専門の病院行く〜〜
おっ言ったな?
今度こそ絶対予約取れよ?
で…でも
その前に…あ・の・先・生のところに相談行こうかな
あの先生?
誰のことですか?
タイミング指導(排卵日の特定)はしてもらえるらしいから!
あの先生
セイコウにセイコウ…
ふふっ

忘れられない先生なんですよ。初めての婦人科での初めての相手なんでね……。というわけで、出会って4分で局部を見せた初体験の相手と再会です!

診察再び

レディース クリニック
今回はタイミング療法のご相談ということですが
「チャレンジ」のほうは成功したんですか…?
チャレンジ
今シリンジ法キットを使って妊活していまして…
あ…あの…まだ成功してないんですが…
びくびく
否定されたらどうしよう…
そうですかー
カタカタカタカタカタカタカタカタカタカタ
自分で精子を注入しているんですねー…
否定されなかった!けどなんかめっちゃ打ち込んでるー!

お決まりの高速タイピング。

選択

肛門から入れる
こともできますが
どうなさいますか？
!?
肛門!?
肛門
OR
膣
どちらも
処女
えっとお…
………………
…………………膣からで………お願いします……
ドキ
ドキ
ドキ
ドキ
わかりました
では診察室へどうぞー

先生ったら大穴狙ってきやがりました。

やはり入れる

基礎体温は
つけて
いますか？
あ はい…
スマホアプリに
記録しています…
…うん
じっ
毎月 予測通り
排卵していると
思いますけど
ね～
ほっ
たぶんもうすぐ
排卵日だと
思うんですけど
……
ではエコーで
様子を診て
みましょうか
せっかくなので
筋腫等がないかも
診ておきましょう
カチ
カチ
膣口からプローブを
入れるのですが…
経験がない方だと
痛いと思います
経膣超音波
プローブ
ゴクリ…

あれ？　このクリニックのエコープローブ、想像していたより、太い……。

硬直

椅子倒しまーす
ウイ〜ン
力抜いてー 楽にしてくださいー
カチ
コチ
入れますよー
……力抜いて？
やっぱり怖い！ 怖い！ 怖い！ 無理かも！
腰 浮かさないでー？

私、with処女膜なんで、入り口がその分硬くて狭いけど、指1本分くらいなら通行可能なんですが、約指3本分の太さのエコープローブが！

奇襲

お尻上がってますよー もとの位置に戻してー
一度 咳払いをしていただけますか？
？
……はい
ケホ
ゴホ
ブスッ!!
あ゛あ゛あ゛あ゛あ
あ゛あ゛あ゛あ゛あ゛

神龍（シェンロン）でした。光る雲を突き抜けFly awayでした。全然ヘッチャラじゃなかったです。私の中を稲妻が走り抜けました……Sparking!

喪失

レディース クリニック
痛あああッ!!
先生っ
すみません! 無理!! 無理です!! やっぱりやめます!!
ごめんなさいっっ
もう入ってますよー
右手のモニターをご覧ください
子宮映しますー

とある一点さえ突破すれば痛みは感じなくなるんですけど、その、とある一点突破がさ、拷問じゃん。え? 何これ。タイトなジーンズにねじ込みすぎ。

エコー

これが子宮の輪郭です
綺麗ですね～ 筋腫もありません
きれい!? どこが!?
? ? ?
さっぱりわからない
こちらは卵巣です
卵胞がパンパンに膨れてますから もう排卵直前ですよ
エコー画像
今夜にでも旦那さんとトライしてみてください
try!

ジンジンと痛むお股をかばいながら、ちょっと内股気味に、人影のない道を塀沿いに歩きながら帰ったあの日の夕方を私は一生忘れません。

長い道のり

痛かった〜…
あの太さのプローブでもこんなに痛いのか…
脱処女もだいたいあんな感じか…?
痛みを我慢して脱処女して本当のセックスができるようになったとしても
慣れるまで時間かかるしそれを乗り越えてさらに妊活するんだよね…
……
………………
めんどくさ

本心がポロリ。声を大にして言えないことなので、フォント小さめでお願いしました。

トライ

その点 シリンジ法すごくない…?
負担少ないしゴロさんもノリノリだし! 最高かよ!
排卵も予定通りあるみたいだし…子宮も綺麗って言われたし…
なんだか今回イケる気がするーー!
ーーということでゴロさん! 今夜からもシリンジ法でお願いっ!
了解!
連続で頑張っちゃおっかな〜
5日連続でやっとく?
張り切ってるーーー!

5夜連続で大放出!?　大丈夫!?

5日連続

シリンジ法
5日連続トライ!
Mon.
Tue.
Wed.
Thu.
Fri.
達成〜!

なんせなんせ、婦人科の先生にお墨付きをいただきましたから!! ゴロさんのほうが張り切ってくれました。達成感でいっぱいです!!

COLUMN

「わかっているけど、でも……」が口癖でした。

特に、未知なことは怖いです。だから、先送りに、後回しにするために、私はとにかく言い訳をして、現状維持したまま過ごしていたかったんだと思います。

前に進みそうで進まない。二の足踏んで、その場に留まって、ボックスステップ踏んで、グチグチ言っている日々でした。そのための、はけ口にしているようなブログになっていました。

「早く病院で診てもらってください」

ゴロさんとの旅行中でも夜のビッグチャンスを活かしきれない日々が続いたとき、ブログに寄せられたコメントやメッセージで一番多かったのが、これでした。

もしかしたら、通常の処女膜より厚かったり、伸びにくかったり、硬くなってしまっている「処女膜強靭症」という症状かもしれないから、とりあえず病院で診てもらえ、という反応がとにかく多くて。

確かに、得体のしれない処女がひとりで戦っている様子は、客観的に見て相当にイライラ、モヤモヤしますよね。わかります。

でも私は、当初どうしても病院へ行きたくなかったんです。それも、婦人科だなんて。処女が行く場所じゃないと勝手に決めつけていました。

当然、そんな決めつけは間違いです。不安要素があるのなら、いち早く病院へ行ったほうがいいとは思います。ただ私は、すぐに行動ができませんでした。

ブログを更新するたび、他人から挨拶代わりのように「病院行け」と言われると、ますます行きたくなくなってしまいました。病院へ行く時間をつくるのも、診察料を払うのも、検査を受けても受けなくても困るのは私なのに。なんでこんなに他人に命令されるんだろう？　と思ってしまいました。もちろん、私の体を心配して親切心で言ってくれているのはわかるのです。でもこの頃は、素直に受け止められずにいました。どうかしていました。ひねくれていました。なんとか、婦人科のお世話にならずに済まそうと、粘りに粘っていました。二の足ステップ踏みまくっていました。

それでも、自分の気持ちを整理した結果、このままでは先に進めないという思いが強まっていきました。今やれることはやっておこうと思うようになりました。

そしてついに婦人科へ出陣となったわけです。

戦場へひとりで乗り込むような覚悟でした。あの若武者、ひとりで敵陣に……？　しかも丸腰だぞ！　って心配する声があちこちで聞こえてきてもいいなって思いましたし、あ、これ、もう歴史スペクタクル超大作ができあがっちゃうな！　って思うくらい、私にとっては大ごとでした。

初めて行った婦人科で、私の局部は「普通」と診断されました。

私はいつも「普通」ではない人間だと思い落ち込んでいたので、この「普通」という言葉に安心して、喜んで、宴を開いて、乾杯して、舞でも踊り狂っていいんじゃない？　得意の『恋』ダンスや『パプリカ』も踊っちゃえよ！　って感じなんですけど。このときばかりは、しっくりこなくて。いや、異常がなくて本当によかったんですけど。涙が止まりませんでした。涙を目に溜めたまま、受付でお会計を済ませました。受付のお姉さんは戸惑っていました。

私はやっぱり、「入らない」理由がほしかったのかもしれません。

膣の構造上、性交渉は難しいよね！　人より膣の幅が細めだよね！　処女膜硬めだよね！とか、この処女がすごい！　婦人科医が本音で選んだ処女ランキング第1位！　処女大賞受賞！　各賞総なめ！　とか言われたほうが、気持ちが楽になれた気がします。

体は「普通」なのに、「普通」の人たちがしている「普通」のことができない。

「普通」という言葉にとらわれて、勝手にみじめになっていました。

だからもう、不妊治療しかないと思ったわけで。

思い切って不妊治療専門クリニックに電話したのですが、電話口の看護師の威圧的な態度に圧倒され、ひるんでしまいました。

どうやら処女が、ふらっと立ち寄るところじゃないっぽい！　と瞬時に悟りました。

実は、別のクリニックへも電話をかけていたのですが、不妊治療の予約がいっぱいで、初診は１か月前から予約が必要とのことでした。予定が立てられなかった私は、予約することもなく電話を切ったのでした。

子どもがどうしても欲しくて、真剣に治療に取り組んでいる人がもっとたくさんいるのに。仕事を優先させている私には通院する資格がないのかもしれない。私は甘えているだけなのかもしれない。妊活しようにも、スタートラインにすら立てていない。自分を責める感情ばかりがわいてきました。

しかし、家庭用シリンジ法キットが、希望の光を見せてくれました。
性交渉なしでも妊活ができるようになったのです。
体への負担が少なく、簡単で、まさに処女にはもってこいの方法でした。
「とりあえずアレください！」とゴロさんに気軽に頼むことができました。

ゴロさんはとても協力的で、排卵予定日を伝えると、その日を覚えていてくれました。シリンジ法を試した月に生理がきて落ち込む私には、「次また頑張ろう」と言って励ましてくれました。「俺も本気出す」と言って、精子の質を高めるためのサプリを買ってきたり、健康づくりに取り組んでくれました。お陰で、２人仲良くシリンジ法に取り組めました。

それでも、簡単に子どもを授かれるわけがなく。

正確な排卵日を把握するために、再び婦人科へ行くことにしました。

またしても覚悟が必要でした。前前前夜から大騒ぎでした。排卵日を予測するためには、経膣超音波検査が必要なわけで。膣口からプローブを挿入しなければならないわけです。

私の予習（ネットサーフィン）によると、膣に入れるプローブは、「親指の太さくらい」らしいのです。怖いけど、そのサイズ感なら、意外とイケそうな太さじゃない？　という印象でした。

ところがどっこい。クリニックで使用しているプローブをチラ見したところ、どう見ても、親指の太さどころではないんです。先端部分はさらに太くなっていて、私の人差し指３本分くらいはありそうな直径でした。

おいおいおい、話が違うじゃん。

昨日ネットで見たあのサイトには、親指サイズって書いてあったけど？

誰の親指のことを言っていたのかな？　力士さんの親指かな？

なんで？　こんなにスマホが薄くなっている時代に、経膣プローブのあの厚み。

しかも先端だけ太くなってて。

ねえ、なんで？　なんで？

ちょっとした怒りを感じました。

でも、先生の次の言葉で、そんな怒りも吹っ飛びました。

「肛門から入れることもできますが、どうなさいますか？」

先生によると、「肛門から入れると、痛くないと思うけど、ちょっと変な感じがするかも」とのことで。

痛くないのなら、そのほうが絶対いいに決まっています。でも、勇気が足りませんでした。

私、お尻のほうも処女なのです。

男性経験がない場合、肛門からプローブを入れるのはメジャーな方法らしいのですが、前回の内診で、先生に処女膜ツンツク攻撃をされていたので、今回も前方から攻められるだろうと思いこんでいたのです。だから、お尻のほうの準備をしてなかったのです。当日の朝はお風呂で下半身のフロントを綺麗に磨き上げていたのです。フロントばかりに気を取られていたのです。

ここで、まさかのバックの提案。正直心が揺れました。

でもやっぱり、準備不足のバックは自信がない。今朝、トイレでの排泄タイムで出しきれなかった残り物のあの子たちが、私のバックの内側で出待ちしている可能性が高いのです。出口付近で待機しているワケあり集団が、先生のそのプローブに、しつこく付きまとってしまうかもしれません。今日の私のお尻事情はそんな感じなんですけど、ありのままの姿見せていいんですか？　先生は怖くないんですか？　心の準備できていますか？　って、聞きたかった……！　聞きたかったです。とても。

でも、まあ、そんな質問をする雰囲気ではなく。
悩んだ結果、膣口から挿入コースをお願いしました。

内診台の上で、ビビって腰を浮かせたり引っ込めたりする私に容赦なく、先生はさりげない奇襲作戦で、私の難攻不落の大要塞めがけてプローブを突っ込んできました。

激痛が走りました。

絶対入れちゃいけないところに何か突っ込んじゃったような、稲妻が私のお股から体の芯を通ってｓｐａｒｋ！　するような、突き刺さる痛みがありました。

処女喪失の痛みとは、こんな感じなのか。いや、実際はこれ以上の、感電するような痛みかもしれない。そして、セックスとは、あのプローブより太いゴロさんの最先端部を受け入れるということなのか。その夜の往来を許すことなのか。しかも、今回のように電光石火の早業《はやわざ》で終わるわけではなく、フィニッシュするまでその大技に耐えるんでしょ？　いずれ変にハイになって快感に変わるのかもしれないけど、それまでの道のりが修業すぎない？　逃げ出したくならない？

脳内でシミュレーションを行ったところ、私には向いていないと思いました。全然ワクワクしませんでした。面倒くさいとすら思いました。

振り返れば、このとき、脱処女に対する意欲が完全にといっていいほど消失していました。

プル
プル
プル

CHAPTER 4

私が私でよかった

2019.1 ▶ 2020.1

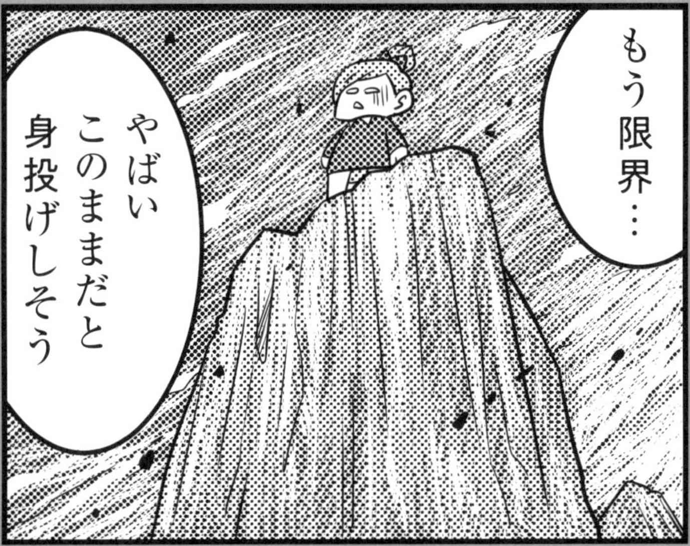
もう限界…
やばい
このままだと
身投げしそう

もしかしてだけど

シリンジ法5日連続トライから2週間後。
ふぅ…
最近体調が悪いな…
体が熱い…
ぽかぽかする
わ…熱あるし…
なんか股関節も痛い…
ピピピ…
妊娠した!?
もしかして…
もしかして…
もしかして…
MOSHI
KA
SHITE

得意な展開！　妊娠騒動！

妊娠…？

CHECK
妊娠検査薬
ドンッ
ついに…こいつを試すときがきたか…
ドキ ドキ
ドキ
ドキ
3秒間尿をかけるだけで判定できるのか…
えいっえいっ
多めにかけてやれっ
W.C
数分後
陰性〜！
判定
終了
なんでだよ!?

諦めきれずもう1本を新たに開封し、追っかけリーチでワンチャン狙ったんですけど、はい、陰性〜〜!!
こうして繰り返す、リーチ棒の無駄使い——。

つわりじゃない

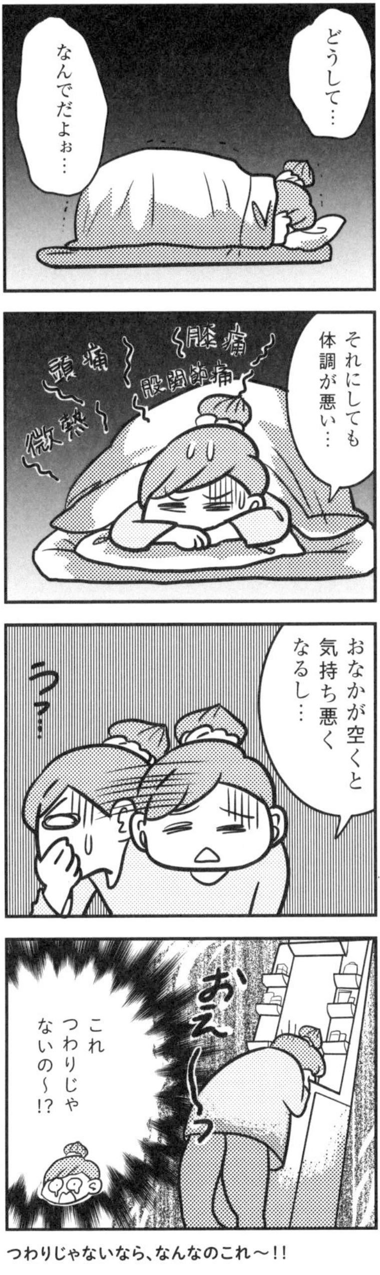

どうして…
なんでだよぉ…
それにしても体調が悪い…
膝痛~
股関節痛~
頭痛~
微熱~
おなかが空くと気持ち悪くなるし…
うっ…
おえ~っ
これつわりじゃないの~!?

つわりじゃないなら、なんなのこれ～!!

わからないやつ

内科へ行き
検査しても
原因はわからず…
なんだかつわりのような症状だねぇ~
妊娠してないのにねぇ~
あははは…
たぶんこれいくら検査してもわからないやつだわ
薬出しておくから様子見て~
匙投げたー!!
わからないやつ!?

何それー。

原因不明

体調不良はさらに悪化
ううう…
New!
頭痛
微熱
膝痛
股関節痛
過食
嘔吐
体重減少
尿漏れ
ほてり
うつ状態
もう嫌だ…助けて…
一体なんなの…
検索…
自律神経失調症?
若年性更年期障害?

もう限界

もう限界…
やばい このままだと身投げしそう
生理がとまっていたので近所の婦人科へ行くも
銀色レディースクリ
先生の言っていることがわからないだけで
高齢の男性医師
更年期障害じゃないけどね〜
何を言ってるのかさっぱり
落ち込んでしまい
さらなるうつ状態に…
私は駄目だ
駄目な人間だ…
もう病院なんて
行きたくない…

すべてが苦痛

毎日漠然とした不安感
焦燥感に襲われ
どうしようどうしよう
この先どうやって生きて
不安
不安
いけないの?
なんとか
不安
好きだったものにも
興味がなくなり
漫画
音楽
新作コスメ
料理
日常のルーティーンも
苦痛になりました。
なぜ人は
歯をみがくの…
自分のブログを見るのも
嫌で嫌でたまらなく
なりました。
PC

最低な日々

それでも毎日会社へは
行きましたが
迷惑かけちゃだめ
迷惑かけちゃだめ
会社行かなきゃ
仕事しなきゃ
仕事中
うっ…
カタカタ
カタカタ…
とにかく体調が悪く
おえーっ
TOILET
その様子を見た人は
だいたい
うなぎさん
大丈夫?
心配して声をかけて
くれるのですが…

拝啓、忌まわしき過去に告ぐ

あって もしかして…
おめでた?
——と言うのです。
いや 違うんです〜 最近体調が悪くて…
そうなの? いや〜でも わからないわよ〜
わかるわ…
きっと私が結婚して 4年経っても 子どもがいないから そう言われるんだ…
早く子どもつくらなきゃ いけないのに… 何やってんだ私…
家族や友人がかけて くれる心配の言葉も
心療内科 行ってみなよ! 絶対早く行った ほうがいいよ
ストレスだよ! 無理しないで! 息抜きしよ
まったく心に響かなくて
別の次元の言葉に 聞こえました。
?
みんな何を 言ってるんだろう…?
なんでそんなふうに普通に 生きられるんだろう…?
ただ ただ 毎日
辛い
不安
辛い
不安
の繰り返しでした。

精神的にも肉体的にも
自分で自分を
コントロール
できない
どん底の日々が
半年ほど続きました。
脳
んーっ
んーっ
ん゛ーっ
そして――
2020年1月
うわあああああああああああああ
だだだだだだ
ああああああああああああああああ
もう
絶対に！
二度と！
一生！
あんな思いは味わいたくない――ッ!!

久しぶりの集合!
ザン…
君たち今までどこにいたの〜〜!
閉じ込めていたのはうなぎですよ!
うなぎコノヤロー
そ そうか…
すまん…
新しい命を授かろうとしていたはずだったのに…自分を殺すところだった…
あっぶねぇえええ
アウ…
うなぎ元に戻ったんですね!
どうやって元気になったんですか?
生理が何か月もこなくなったから さすがにまた婦人科に行って
またあの先生のところ
ホルモン剤を飲んで生理がくるようになったら
徐々に心と体の不調が治っていったって感じかな…
なんだよ!普通だな〜
まあね…
でも回復していくのにも時間かかったんだって〜

とにかく毎日歩いたし…
そしたらだんだん音楽も聴けるようになってきて！
好きなアーティストのライブに行きまくっていたら精神状態がめっちゃ回復した！
この世界は生きていく価値のある世界…!!
とにかくよかったです！
ていうかさ～最初からあの先生に診てもらえばよかったじゃん！
なんでクリニック変えたんだよ！そのせいで体調悪化してたじゃん～
そ…それは…
これから不妊治療もしなきゃと思って…不妊治療扱ってるとこに行くことにしちゃったんだよ…
イヤー…
余計に自分を追い込んでどーするんだよ！
そうなの！今冷静に振り返ればまったくその通りなんだけど…
当時はそういう正常な思考と判断ができなかったんだってば！
「早く不妊治療しなきゃ」っていうのがストレスになってたみたい…

少し前のうなぎは言い訳して不妊治療を後回しにしてたのにね～
仕事で通えないとか言って
後回しにするということはつまり
本心では「したくない」と思ってたんですよ
ん…？なんかホッとしてる…？
……
はっ
本心を隠して自分の気持ちに嘘をつき続けた結果
心と体の健康を損ねてしまったのです！
本心
ぎゅ～
ぎゅうぎゅう
とにかく心の健康がまず第一です！
セイッ
ガタゴトッ
対策を考えましょう！
会議室へセットチェンジ
ガラガラガラ
もうあんな思いはしたくない!
緊急対策会議
そもそもうなぎはあんなにひどいうつ状態になったことが過去になかったですね
職場のパワハラにもなぜかなんとか耐えてたしね～
脳内お花畑野郎だよね
こじらせながらも幸せに生きてこられたのはなぜだと思いますか？
今後もそうやって生きていけばいいんです！

今までは自分の気持ちに正直だったんだよね…
進路 受験 大学生活 就職 結婚 転職
人生で何かを選択するとき
「したくないことはしない」って生き方をしてきたんだよ
つまり嫌なことから逃げてきたってことでしょ？
逃避を正当化するなよ〜
違う！
逃げじゃない！ 戦略！ 戦略なの！
私の人生の必勝法！
自分の得意なフィールドで生きてきたんだよ！
戦う場所を選んで何が悪い！
嫌いなことでも途中までは一生懸命頑張って取り組んだ
それが私の偉いところ
嫌いな勉強も結構まじめにがんばる
ただ「自分に向いていない」「したくない」と気づいたらそれ以上はやらない！
周りに何と言われようと私は私の選択をしてきたし後悔はしてない！
…あいや…完全に後悔してないかっていうと…そうとも言い切れないんだけど…「自分で選んだ道だから」って受容してきたっていうか…そういう意味で後悔してないっていうか…
もご もご…
続けてください
とにかく！私はそうやって自分に正直に生きてきた！
なのに！
なのに？

妊娠と出産については
世間の「当たり前」以外の選択肢に考えが至らなかった……
子どもがほしい「かも」…っていう気持ちが徐々に
早く妊活に取り組まねばならない」って思い込みになって…
妊活をしなければ「将来後悔する」っていう
脅迫みたいな思いに変換されて…
だったら処女のままじゃ駄目！
そして…
なんとかしてセックスしなければならない！ セックスレスを解消しなければならない！
ズーンッ
それができないなら不妊治療をしなければならない
ズズンッ
将来後悔しないために今すぐ不妊治療を始めるべき！
ズズズズン
そんな当たり前のこともできないの？？
ズドーン
わ〜〜っ

ということで

しなければ
するべき やるべき
ぎゃー
べちゃっ
…こんな感じで無意識のうちに押しつぶされて
そのストレスに気づかないまま
「できない自分」を責めて…
あ〜怖い怖い怖い！
脱処女と脱セックスレスは先送りにできても妊娠と出産には年齢的リミットがありますもんね…
見えない将来への不安
ふふふ…
「将来後悔しないために」「未来の自分のため」って無理して「今の自分」の気持ちを
大切にしてなかった…
ほんとの きもち
わー
あっちをなんとかしないと
しなければ やらないと
教訓
ハイ！まとめまーす！
どんっ
教訓その1
自分自身に正直であれ！
「〜したい」と思うほうへ進め！
「〜すべき」と思い込むのは危険です！
教訓その2
未来の後悔を先取りするな！
「後悔するかも」を恐れすぎ！
くれぐれも「今の自分」を見失わないように！
世間や他人の軸ではなく自分の軸で決断した選択は後悔したとしても肯定できます！
だから自分に嘘をつくのはやめましょう！

処女のままでいい

おい
うなぎ！ 今だ！
今の思いを
宣言しろ〜！
最後は自分で
まとめろ〜！
『奥さまは処女』
未経験の主張
私は〜
皆さんに〜
言っておきたい
ことがある〜
な──に〜？
私
処女のままで
いい〜〜！

十分幸せ

脱処女も不妊治療も
「したい！」って
思ったときに
する〜〜〜！
シリンジ法の妊活は
私に向いているし
楽しい〜〜！
ゴロさんとも気軽に
性的コミュニケーションが
とれるようになった〜〜！
だから
これからも
続けて
いく〜〜！
おお〜〜っ
子どもはできれば
ほしいけど──！
できなかった
としても
ゴロさんと
2人で
十分幸せ──！

私が私の人生を

世間的に
どうだとか
親がどうだとか
どーでもいい
と思えるように
なった——!
私を肯定して
あげられるのは
私だけなんだ——!
♪カーペンターズ 流れる

肯定してあげるんだ

ガッ
……
ところで
ゴロさんは？
ずっと登場してないけど
大丈夫？ いるの？

あのときゴロさんは

はっ
ゴロさんいますいます！
おきがえ
家事をしてくれたり…
実はずっと隣にいてくれたんだけど…
うなはねてな～
マッサージをしてくれたりも…
うつ状態のさなかは気づけなかったけど今思えば
いつも私の意志を尊重してくれてたな
GORO

「うながしたいなら」

不妊治療を相談したときも
やるとなるとこれだけお金かかるんだけど…
不妊治療ガイド
うながしたいなら全部やってみればいいんじゃない？
お金はなんとかするよ
でも子どもができなかったとしても
俺はうなと2人で楽しいよ
ゴロさん…
そしたら旅行いっぱい行こ

「うなが辞めたいなら」

仕事を辞めたいと言ったときも
もう辞めたい…
うなが辞めたいなら辞めればいいよ
でもそしたら生活費が…
俺が倍働けばいいじゃん いいよ 俺は働くの好きだから
お金なんてね今の世の中一番どうにでもなることだよ
それより自分の体のこと考えな

振り返ると

ゴロさんめっちゃいい男
何それ
でも当時の私はその言葉のありがたみがわかっていなかった…
「私が働かないと十分に生活できないじゃん！」とか思ってた…最悪
仕事は辞めずになんとか頑張ったんだけど
ウギー
それはゴロさんの言葉のお陰で気持ちが楽になってたからだと思う
振り返ってみるといつも私を安心させる言葉をかけてくれてたなー

背中を押してくれた

うつ状態の回復期に
私がひとりでライブへ
行きまくっていたときも
次は大阪公演か…
遠いな…
諦めようかな…
うな
行きたいなら
行ったほうが
いいよ
ほら
お小遣い
あげるから
ゴロさんが背中を押して
くれたから引け目を感じず
楽しめた。
ファイナル公演は
一緒に行ってくれた

意志を尊重してくれた

コロナウイルスが
蔓延する前に
行っておいて
本当に
よかった！
もうゴロさんには
感謝しかないよ…
ゴロさんはいつでも
「うなぎがしたいなら」
って言ってましたね
うなぎが自分の
意志で決められる
ように促してくれて
いたんですね
ちなみに心身ともに
元気になった今
お小遣いは
もらえないよ！
ムリ！
ゴロさん…
見極めてる
なぁ〜

気持ちを尊重してくれた

結婚5年経って
ようやく気づいたんだけど…
ゴロさん…
ただの
いい男
だったわ…
惚れ直した
は!? 何!?
のろけ!?
ゴロさんが私のこと
理解してくれないって
思ってたけど
一番ゴロさんのこと
理解してないの
私だったよ…
ゴロさんは私の気持ちを
尊重してくれていた
だけだった

ようやく気づきました

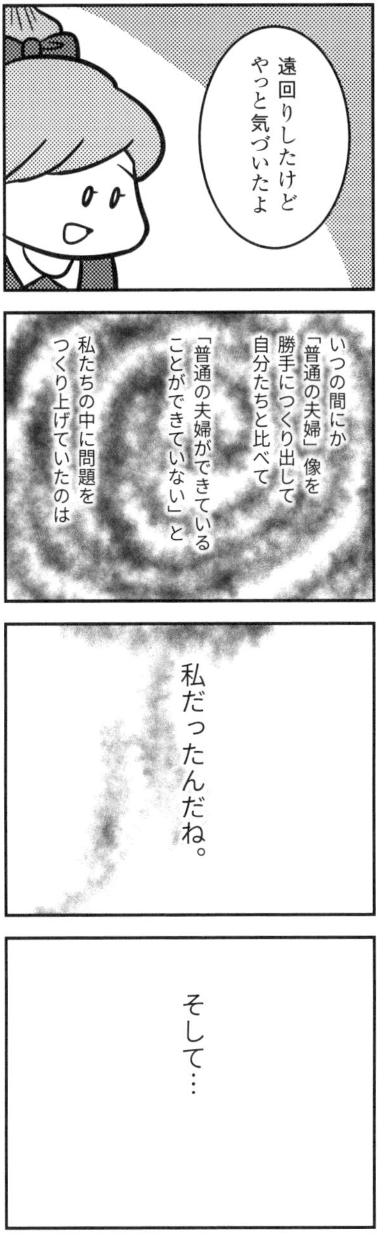
遠回りしたけど
やっと気づいたよ
いつの間にか
「普通の夫婦」像を
勝手につくり出して
自分たちと比べて
「普通の夫婦ができている
ことができていない」と
私たちの中に問題を
つくり上げていたのは
私だったんだね。
そして…

私は私

なんだろう この解放感…
心が軽い
はーっ
うなぎ変わりましたね
だね
もう自分を責めなくていい
私は
私でいればいい

もう大丈夫

指あったんだ
ポ
わっ消えた
この先も迷うことやうまくいかないことがたくさんあるだろうけど
もうきっと
大丈夫だ。

奥さまは
相変わらず
処女だけど
それも含めて
私なんだから。

COLUMN

え〜〜〜!?　処女のままで終わるんだ〜〜〜!?
いいの!?　ねえ！　いいの!?
ひとりで勝手に自己完結しちゃってるけど、いいの〜!?

と思った人、はい、その場で手を挙げてください。

はい、手を下ろしてください。

（結構いたなあ……）

でも、私は、これでいいのです。

長年の呪縛から解放された気分です。

今まで、世間で常識とされていることにとらわれて、自分で自分を縛っていました。

必要以上に自分を責めて、否定していました。

うつ状態の日々は、今思い出しても震えてしまいます。

どこへ行っても楽しくなくて。生きているのが辛くて。

これまでの人生、「消えてしまいたい」と思ったことはありますが、「死にたい」だなんて思ったことはありませんでした。人生で初めて、生活の中にずっと「死」がまとわりついていました。私が私でないような、何かに脳を乗っ取られているような感覚でした。

死にたいけれど、なぜか「子どもを産まなければならない」という考えは消えませんでした。

このまま子どもができなかったら、ゴロさんのご両親はどう思うだろうか。これから先の親族の集まりは、どういうふうにやりすごせばいいのだろうか。友人や同僚にはどう思われるだろうか。自分の「子どもがほしい」という気持ちよりも、世間や他人の目を気にするようになりました。

「生きる道を選ぶのなら、子どもを授かるために不妊治療をしないと駄目だ」

どういう脈略で、そう思ったのか、今では説明ができません。もう、極端すぎて意味不明です。でも当時は、もし今後も生き続けるのであれば、世間から認められるような生き方をしなければいけないと本気で思い込んでいました。ものごとを白か黒かでしか考えられなくなっていました。

家から近く、不妊治療でも実績のある婦人科を見つけて行くことにしました。更年期障害のような症状の体調不良があること、生理がとまってしまったことを医師に伝えました。しかし、その先生がかなりの高齢で、何を話しているのかわからないのです。言葉が聞きとれないので、看護師さんに通訳をしてもらうのですが、看護師さんがついていないと、先生の言っていることが理解できないのです。

先生は、「薬を処方するためには内診が必要」と言っていたようですが、何を言っているのかわからない先生に内診を任せるなんて無理だ、と思いました。

結局、看護師さんに採血をしてもらうだけでその日は帰りました。

血液検査の結果を1週間後に聞きに来るよう言われていたので、再度その婦人科を訪れました。相変わらず先生の言っていることがわかりませんでした。

そんなの、わかるまで何度でも聞き返せばいいじゃん、と今では思うのですが、そのときはそれができませんでした。

また内診をすすめられましたが、その日も逃げるように家へ帰りました。二度とその病院へ足を運ぶことはなくなりました。

「死ぬことは駄目。病院へ行こう」とやっとの思いで決断してとった行動だったのに。

とてつもない労力を使ったのに。待合室で2時間も待ったのに。それにもかかわらず、先生の話が聞きとれないだけで、自分は病院から逃げてしまった。待合室にいた私よりも10歳以上年下であろう女の子も、あの先生のもとで検査を受けているというのに。

やっぱり私は、みんなが「普通」にこなしていることができない。自分はなんて意気地がなくて、駄目な人間なんだろう。自分を責めました。

それからは、特に心の不調がエスカレートしていきました。

将来がやたらと不安になるのです。

「これから先どうしよう。どうやって生きていこう。どうしよう、どうしよう」という考えが頭の中をぐるぐるぐるぐる巡りました。

で、結論はいつも、「もう死ぬしかない」。

なんでだよ！　って感じなんですけど。止められない謎の思考回路なんです。

その後、様子がおかしくなる私を見て、私の父は、「何科でもいいから病院へ行きなさい」と何度も私に言いました。でも、行きたくありませんでした。そう言われるたび、本当は病院へ行くべきなのに、行くこともできない自分は駄目な人間なのだろうという思いが増すだけでした。

ゴロさんは、私に「病院へ行け」と言いませんでした。
様子がおかしい私に、「おかしい」とも言いませんでした。
私が夕飯をつくれなくなっても何も言いませんでした。一緒に外食をする日が続くこともありました。ゴロさんは私をただ見守り続け、支えてくれました。

友達の結婚式に出席するため、しばらく地元に帰省することになりました。
それまでに、ある程度体調をよくしておこうと、うっすらと思いました。

そして、生理が半年近くとまっていることに気がつきました。

初めて行った婦人科であり、タイミング療法の相談でお世話になったあの先生のクリニックへ行きました。

問診票に心の不調のことも記入したからなのか、先生の口調や態度は以前よりもずっと柔らかくなっていました。話し方もゆっくりで、ときどき、子どもに使うような言葉を私に対して使っていました。卵巣の様子を超音波で診るため、また膣口からプローブを入れました。激痛でした。検査の間、看護師さんが手を握っていてくれました。

「卵巣が、おさぼりしていますね」と先生は言い、処方する薬の説明を丁寧にしてくれました。その薬を10日間飲み続けると、しばらくして生理がくるようになりました。

それから、正常な周期で生理がくるようになると、そのほかの体の不調も少しずつ治っていきました。「死にたい」という思いも徐々に消えていきました。「健康になろう」と思えるようになりました。そして、規則正しい生活と、適度な運動を数か月続けると、いつもの私が戻ってきました。

薬ひとつをきっかけに、こんなによくなるのか。
あの辛い日々は一体何だったのか。私はよくあるホルモンの乱れに苦しめられていただけだったのか。そう思うと愕然《がくぜん》とします。

もっと早く病院へ行けばよかったじゃん！　と言われれば、本当にその通りなんですけど。
結局は自分の力で立ち上がろうとしない限り、回復へ向かうことがなかったのだと思います。

たった数か月間の出来事でしたが、とても長く感じたあのどん底の日々は、もう絶対に経験したくはありません。

でも、あの日々があったから、私は今の健康状態に感謝ができるし、今まで想像できなかった心の苦しみを知る機会を得られました。だから、すべてが無駄ではなかったと思います。

「死にたい」という感情に支配されつつも、死ぬことを先延ばしにしていた自分を褒めてあげたいです。

もう、自分で自分を抱きしめてあげたいし、何でも好きなものを買ってあげたいし、大好物の寿司やうな重やアイスクリームを思う存分食べさせてあげたいです。

というか、すでにめちゃめちゃに自分を褒め称え、崇《あが》めたてました。

「死んでいたら使えなかったこの世のお金」という名目で、読みたい漫画を全巻そろえたり、ほしかった化粧品を買ったり、美味しいものを食べたり、好きなアーティストのライブに行ったり、自分にご褒美をあげました。お陰で貯金は消えましたが、そんなことはどうでもいいです。

何よりも大切なのは自分自身です。
心身の不調を経験し、改めて実感しました。

自分を責めてばかりいた頃、ゴロさんに感謝することもできませんでした。ゴロさんはずっと隣にいてくれたけれど、私は世界で一番孤独な人間だと思っていました。毎日が辛くて不安でしかたがないのに、一番身近なゴロさんでさえ私のことはわかってくれない。私の気持ちは誰にも理解してもらえない、とひとりで嘆いていました。

振り返れば、出会った頃からゴロさんは、私をほかの誰かと比べたりするようなことはありませんでした。私を私として見てくれていました。私に何かを強要したり、自分の主張や意見を押し付けることもなく、私を尊重してくれるゴロさん。ゴロさんはいつでも私のことを受け入れ、受け止めてくれていたことに、結婚後6年経った今ようやく気がつきました。
ゴロさんと夫婦でいられることを本当に幸せに思います。
夫婦の関係はこうあるべきという基準があるかのように思い込み、自分を苦しめていたのは自分自身でした。
自分で心の中に穴をつくっていました。
その穴は、私が私を認めてあげない限り埋まらないものでした。
自分と向き合うためにブログを始めたつもりでしたが、自分の心の一番奥に向き合えていませんでした。本心に向き合うことからは無意識的に逃げていました。

きっと、性交渉ができても、できなくても、子どもがいても、いなくても、私が私の心に寄り添ってあげない限りは、どんなにほかの条件をそろえたとしても満たされないのだと思います。

人に尊重され、優しくされたとしても、それに感謝することもできないのだと思います。

心のあり方を自分で決めた今、前よりずっと生きることが楽になりました。

迷ったとき、困難に突き当たったとき、過去や未来にとらわれることなく、「今の私はどうしたいか」自分に問いかけながら生きていけばいいんです。

これまで散々騒ぎ立てたにもかかわらず、いまだに処女の私は、はたから見ると何も変わっていないように見えるかもしれません。

でも私は、螺旋《らせん》階段をぐるりと一周上ってきたように、ひとつ上の階で、両腕を空に向けて広げて立っている気分でいます。

今日も、私が私でよかったー！

エピローグ

最近の私。
ゴロさんフィーバー到来!
ゴロさん
存在レベルで感謝!!
リスペクト!!
大好き!!
GORO
ゲームもゴロさんの趣味なら尊い…
ゴロさんあなた本当にいい男ですね
いつもありがとう
うん
俺いい男だと思う
キリッ
うわあああ
自分で言ってるでもステキ
月に一度のセリフシリンジ妊活が習慣になりました。
ゆる〜く妊活
そんなある日。
急に腰が痛い…
…そういえば今月まだ生理きてない
……
ごそ…
検査薬
わーーー!!
陽性〜!!
判定
終了

ゴロさん…
んー?
あのね…
妊娠したみたい
……
まじか
うおおおお
スゲェエエエ!
処女のまま妊娠しました。
今日病院で赤ちゃんの心拍確認できたよ!
母子手帳もらってくる!
わーい母子手帳♪
うなぎ妊娠はゴールじゃないぞ
ひょこっ
ぎゃっ
まだいたの!? この間消えたはずじゃ!?
そう簡単に人は変われませんからね
ぷっ
なにィー!?
これからも自分と向き合いながら
ゴロさんと
これから産まれるわが子と一緒に
人生を歩んでいこうと思います。

もっと最近の私。
今までゴロさんにブログのことは隠してきたけど…
本が出版されてお金が発生したらバレるか……？
現在無職
所得証明書
ゴロさんの年末調整書類
…話すか…
ゴロさん…実は…
今まで話してなかったことがあるんだけど…
いい話？悪い話？
ジャンプ
ゴロさんにとってはもしかしたら悪い話かもしれない
じゃあ聞かなくてもいいや
いや聞こうよ！
このたびわたくし…
本を出版してもらうことになりまして…
……
…ほう
え!?リアクションそれだけ？
内容とか気にならないの!?
ホラどんな本なのかとか!!ジャンルとかさぁ!?
ぽぽーい
どうせ体験談か何か投稿してたんでしょ？
よいしょ
近い…！というかほぼ合ってる!!
えっ

私のブログ読んでるの!?
ブログ？何それ
あ…いや…なんでもない…
ブログのことはバレてないのか…
何か作業してるのは知ってたけど
パソコンでカチャカチャやってるもんね〜
まあいつか話してくれると思ってたからさ
私 ゴロさんに…
泳がされていたのか…
私たち夫婦のことについて
あんなことやこんなこと…
人に言えないようなことが描かれているんだけど…
出版してもいい？
いいよー
うなの好きにして
本当!?
読む!?
途中まで原稿あるけど!
ハァハァ
うーん
やめとく
今は…
読まないんかい!!
…ちなみに私の原稿明日締め切りなんだけど全然書けてないんだよね〜☆
何してるの!! 書けや!!
てへっ
というわけでゴロさんに(一応)許可をとりましたのでご報告いたします。

あとがき

この本が、「処女の処女による処女のための一冊」になればいいな〜と思っていたんです。最初は。処女の最前線をひた走る一介の処女としてね。でも、すみません、欲が出てきました。処女でも処女じゃなくても、処女か処女じゃないかよくわからない人にも、もう、そういうの関係なく、幅広く多くの人に読んでいただきたい！　なにとぞ！　なにとぞ！　なにとぞ〜！と願うようになりました。

作画の梅林イクミさんは、「男性にも読んでいただけるように」という熱意を持ってくださり、漫画の細部にまでこだわり抜いてくださいました。この本の購入を迷い、あとがきを先に読んでいるあなた、後悔はさせません。是非、梅林さんによる可愛い絵を二度見、三度見しながら読み進めていただければと思います。

『奥さまは処女』が本という形になるまで、予想もしなかった事態がいろいろと起きました。途中、心も体も壊してしまった私が、こうして日常を取り戻すことができて、まさか、あとがきを書く日が来るなんて。感慨深すぎて、感動と感謝の気持ちに溺れてどうにかなっちゃいそうです。

精神面では、大好きなバンドBUMP OF CHICKENのライブツアーである〝aurora

ａｒｋ〟に行きまくっていたことで救われました。ブログを書くことや、妊活に励むことを、途中で放棄したり、進むべき方向を見失って迷ったりしながらも、自分にとって大切なものを手放さなかったからこそ、今の私がいます。

ＢＵＭＰ ＯＦ ＣＨＩＣＫＥＮの『Ａｕｒｏｒａ』という楽曲がまさに今の私の心情にぴったりで、４章の漫画の最後で流れている設定です（勝手に脳内エンドロール）。それを担当編集の須田さんにお話ししたところ、『Ａｕｒｏｒａ』の歌詞より「振り返れば途切れずに歪《いびつ》な線を描く足跡」を、最後のページに描いたらどうかとご提案くださり、梅林さんに素敵な絵を描いていただきました。

本の製作にあたって、光文社の皆さま、梅林さんには、大変ご迷惑をお掛けしました。特に編集の須田さんには本当にお世話になりました。優しくて、冷静で、頼もしい須田さんに助けられました。そのほかにも、本の出版に携わってくださったすべての皆さまに、この場を借りてお礼申し上げます。ありがとうございました。

そして何より、ブログで応援してくださった方、この本をお手に取ってくださった皆さま、本当にありがとうございます！　大好きです！

２０２１年２月

うなぎ

うなぎ（原作）

1988年、静岡県生まれ。主婦・ブロガー。26歳で結婚、29歳で子どもがほしいと焦り始め、2017年にAmebaブログをスタート。本作が初の単行本となる。アイスクリームをこよなく愛す。趣味はコンビニスイーツの新商品をチェックすること。
ブログ「奥さまは処女」https://ameblo.jp/oku-shojo/

梅《うめ》林《ばやし》イクミ（漫画）

イラストレーター。地に足つかず生きてきたが現在は夫と2人暮らし。趣味は建物を見ることとロケハン。最近は2年前に始めたバレエにハマっている。好きな時間帯は寝入り端《ばな》。
twitter:@anconokimo

奥《おく》さまは処《しよ》女《じよ》

2021年2月28日　初版第1刷発行

原　作　うなぎ
漫　画　梅林《うめばやし》イクミ

発行者　田邉浩司

発行所　株式会社　光文社
〒112-8011　東京都文京区音羽1-16-6
電話　編集部 03-5395-8172
書籍販売部 03-5395-8116
業務部 03-5395-8125
メール　non@kobunsha.com
落丁本・乱丁本は業務部へご連絡くだされば、お取り替えいたします。

組　版　萩原印刷
印刷所　萩原印刷
製本所　国宝社

ISBN978-4-334-95225-9